Wolfgang Korruhn · Hautnah

Wolfgang Korruhn

Hautnah

Indiskrete Gespräche

ECON Verlag
Düsseldorf · Wien · New York · Moskau

Die Deutsche Bibliothek – CIP-Einheitsaufnahme

Hautnah: Indiskrete Gespräche / Wolfgang Korruhn. –
Düsseldorf; Wien; New York; Moskau: ECON Verl., 1994
ISBN 3-430-15615-7
NE: Korruhn, Wolfgang

Lektorat: Krista Maria Schädlich
Gesetzt aus der: Melior und Imago Buch, Berthold
Satz: Dörlemann-Satz, Lemförde
Papier: Papierfabrik Schleipen GmbH, Bad Dürkheim
Druck und Bindearbeiten: Ebner, Ulm
Printed in Germany
ISBN 3-430-15615-7

VORWORT

Ich danke allen, die sich auf ein Gespräch mit mir eingelassen haben, für ihre Offenheit und das Vertrauen, das sie mir entgegengebracht haben. Dafür mein hoher Respekt. Ich meine für die innere Größe, die dafür notwendig ist, in das Bergwerk der eigenen Biographie und der innersten Gefühle hinabzusteigen, dabei noch einen Fremden mitzunehmen. Ich habe die Gespräche auf Tonband aufgenommen und mich eng an das gesprochene Wort gehalten, so daß die Befragten oft reden, wie ihnen der Schnabel gewachsen ist. In einem langen Gespräch, das ich mit Udo Jürgens führen durfte, hat er mir gesagt: »Liebe verdient man sich nicht durch Stärke, sondern durch Schwäche.«

Er und andere haben in den Gesprächen diese menschlichen Schwächen offenbart.

In diesem Sinne ist jedes »indiskrete Gespräch« auch eine Liebeserklärung an einen ungewöhnlichen Menschen. So verstehe ich es.

RUT BRANDT

ehemalige Ehefrau von Willy Brandt

Geboren am 10. Januar 1920 als Rut Hansen in der norwegischen Kleinstadt Hamar. Wuchs mit drei Schwestern auf. Der Vater, ein Chauffeur, starb früh. Die Mutter mußte die Familie durchbringen.
Sie lernte Verkäuferin, arbeitete in einer Bäckerei, wurde Hausmädchen, lernte dann Schneiderin. Mit 16 trat sie einer sozialistischen Jugendgruppe bei, engagierte sich gegen die deutsche Besatzung und mußte 1942 nach Schweden fliehen.
1944 befreundete sie sich mit ihrem späteren 2. Ehemann, dem emigrierten Journalisten Willy Brandt. Ihr erster Mann starb 1946. Mit Brandt ging sie 1947 an die norwegische Militärmission nach Berlin. 1948 heiratete sie ihn.
Im Frühjahr 1979 trennten sich beide, im Dezember 1980 wurde die Ehe geschieden.
Seit 1982 lebt sie zusammen mit dem dänischen Journalisten Niels Nörlund.
1992 erschien ihre Autobiographie »Freundesland, Erinnerungen«.
Sie hat drei Söhne, Peter (geb. 1948), Lars (geb. 1951) und Matthias (geb. 1961).
Sie wohnt in Bornheim bei Bonn.

»Ich muß erst Rut fragen«, sagt mir Niels Nörlund am Telefon, »ob sie das macht.«
Ich höre, wie er den Hörer mit der Hand zuhält und auf norwegisch Rut Brandt etwas fragt. Dann kommt sie an den Apparat, lacht und meint:
»Ich sage nicht nein« und lädt mich dann zum Nachmittagskaffee für den kommenden Dienstag ein.
Rut und Niels leben in einem kleinen Ort zwischen Köln und Bonn. Gegenüber dem Supermarkt neben der Hauptstraße wohnen sie seit sieben Jahren zusammen in einem Sechs-Familien-Neubau aus grauem Beton.
Als ich zum verabredeten Termin im obersten Stock ankomme, stehen sie beide in der Wohnungstür, begrüßen mich, als kennten wir uns seit Jahren. Sie wirkt irritierend jugendlich, ihr Gesicht ist faltenlos. Er, ein wenig jünger als sie, sieht sehr britisch aus, denke ich, trägt ein kariertes Jackett, Haar und Oberlippenbart weiß, die Brille groß und klar. Niels Nörlund ist Korrespondent der Kopenhagener Zeitung »Berlingske Tidende«, ehemals Kollege und Freund von Willy Brandt, seit 1982 der Lebensgefährte von Rut.
»Ja«, lacht sie, »wir sind sehr glücklich hier.«
Wir nehmen auf der schwarzen Ledergarnitur Platz, die mitten im hellen, geräumigen Wohnzimmer steht.

Es gibt Tee und Kaffee, Schnittchen mit Lachs aus Norwegen.
Herr Nörlund, freundlich und schweigsam, erzählt nur wenig von sich. Daß er, wie auch Brandt, für seine Zeitung nach dem Krieg über die Nürnberger Prozesse gegen die Kriegsverbrecher berichtet hat, heute nur noch wenig, aber regelmäßig schreibt, jede Woche eine Kolumne über Deutschland.
»Das ist schön, denn das kann er von zu Hause aus machen«, sagt Frau Brandt und zeigt auf seinen Computer, den man im Nebenzimmer sehen kann.
Als er spürt, daß ich mit ihr allein sprechen will, zieht er sich zurück, verläßt die Wohnung, um irgendwo noch einen Besuch zu machen.
»Er ist ein sehr privater Mensch«, bemerkt sie, »wir sind viel zu Hause, sehen fern und reden miteinander.«
Sie gießt mir einen Tee ein, schiebt den Teller herüber und sagt:
»Ja, ich rede wieder.«
Was sie mit Willy Brandt nicht leben konnte, genießt sie jetzt.
In Brandts fünfhundert Seiten dicker Autobiographie »Erinnerungen« ist der Name Rut nicht ein einziges Mal erwähnt, obgleich das berühmte Denkmal und sie dreiunddreißig Jahre lang ihr Leben geteilt haben.
»Was denken Sie, warum hat Brandt das getan?«
»Als wir uns trennten, war es für ihn das erste Mal, daß eine Frau ihm gesagt hat: ›Jetzt gehe ich.‹ Sonst hat er die Frauen immer weggeschickt. Das hat er mir nie verziehen.«
Sie sagt das ruhig und leise.
»Ein ganzes Leben einfach ausradieren, daß man so

etwas kann. Einfach ausradieren. Wenn wir irgendwo zusammen waren in Amerika oder Norwegen, schreibt er im Buch nicht ›wir‹, sondern immer nur ›ich‹. Das ist schon irgendwie genial, nicht?«

Sie nimmt einen Schluck Kaffee, schweigt lange.

»Ob seine neue Frau ihn unter Druck gesetzt hat?« frage ich.

Die quirlige Frau mir gegenüber, die dreiundsiebzig ist, blickt mich an mit ihren leuchtendblauen Augen, um die herum es tatsächlich nicht das kleinste Fältchen gibt.

»Ich werde kein böses Wort über Frau Seebacher sagen, nein.«

Sie setzt die Tasse ab.

»Manche Freunde in Norwegen fanden, daß ich Willy gegenüber viel zu loyal war in meinem Buch. Natürlich hätte ich ein ganz anderes Buch schreiben können, aber das wollte ich den Kindern nicht antun. Und mir selbst auch nicht.«

»Wie ging die Trennung vor sich?«

»Nach seinem Herzinfarkt kam er aus dem Krankenhaus. Das war Heiligabend. Er teilte mir mit, daß er für zwei oder drei Monate nach Südfrankreich zur Kur fährt. Daß er dorthin die andere Frau, Frau Seebacher, mitnimmt, hat er mir nicht gesagt. An dem Abend, an dem er dann zurückkam, saß ich mit meinem Sohn Lasse zusammen, und wir sprachen ganz nett miteinander. Aber Lasse merkte, daß wir etwas sehr Persönliches besprechen wollten, und zog sich zurück. Willy und ich blieben sitzen, und Willy sagte mir, daß er jetzt ein neues Leben anfangen wollte zusammen mit Frau Seebacher. Seit Jahren hatten wir nicht mehr so offen und ehrlich miteinander geredet. Sein Vorschlag war: Entweder bleiben wir gemeinsam in einem Haus, und jeder von uns geht seinen eigenen Weg. Oder jeder nimmt sich eine Wohnung. Ich hab' ihm darauf geantwortet: Ich will das nicht. Lieber will ich mich scheiden lassen.«

Rut Brandt seufzt tief und läßt die Hände von den Lehnen des Sessels fallen.

»Mir fiel ein Stein vom Herzen, als ich ihm das gesagt habe. Ich hab' es einfach gewagt zu sagen.«

»Aber er wollte keine Scheidung?«

»Er war doch konfliktscheu und hatte Angst vor der Öffentlichkeit. Als ich meinen Wunsch nach Scheidung ausgesprochen hatte, stand er auf und ist gegangen.«

»Er versuchte nicht einzulenken?«

»Nein«, sagt sie laut und immer noch mit einer Spur unterdrückter Wut, »so was hat er niemals getan. Er hat kein Wort gesagt, kein einziges Wort. Und verließ das Haus. Ich weiß nicht, wo er hingegangen ist. Wahrscheinlich zu der anderen. Erst am nächsten Morgen kam er zurück und zeigte mir eine offizielle Mitteilung, die an die Presse geschickt werden sollte. Da stand drin, daß er sich scheiden läßt.«

»Haben Sie ihn noch einmal gesehen?«

»Wir waren noch ein paarmal essen, um alles zu besprechen, auch das Finanzielle. Es war alles friedlich. Ich habe ihm versichert, daß ich nie mehr heiraten werde, und er sagte: ›Ich werde das auch nicht tun.‹ Drei Jahre später hat er doch wieder geheiratet.«

Sie lacht hell und spitz.

Ihr Buch »Freundesland« tippte Rut Brandt auf einer alten elektrischen Schreibmaschine in Norwegisch. Ihr Lebensgefährte Nörlund, gelernter Journalist und ehemals Chefredakteur, schrieb es im Computer um, und ihr

Sohn Peter, Professor für neuere Geschichte in Hagen, erarbeitete mit ihr die deutsche Fassung. Es wurde ein Bestseller. Sie schickte es, bevor die deutsche Ausgabe in Druck ging, ihrem geschiedenen Mann zu. Er hat nicht geantwortet. Ob er es gelesen hat, weiß sie nicht.
Rut Brandt war zweimal verheiratet. Der erste Mann war wie sie auch im norwegischen Widerstand gegen die Deutschen während des Krieges. Sie hatte ihn in der sozialistischen Arbeiterbewegung kennengelernt.
»Ole sah gut aus und konnte gut tanzen«, erinnert sie sich, »und sein Vater hatte eine gute Stelle bei der Eisenbahn.«
»Warum haben Sie ihn geheiratet?«
»Ich war mit meiner Schwester 1942 aus Norwegen nach Schweden geflohen und kam nach Stockholm. Er war schon da und arbeitete in der Presseabteilung der Botschaft. Ich kannte da niemanden. Da heiratet man eben. Das haben andere ja auch gemacht. 1944 fing er dann an zu husten und wurde todkrank. Auf der Flucht vor den Nazis hatte er sich eine Tuberkulose geholt. Er ging dann nach Falun.«
Sie blieb in Stockholm zurück, denn inzwischen hatte sie Herbert Ernst Karl Frahm kennengelernt, der unter dem Decknamen Willy Brandt ebenfalls im Widerstand aktiv war. Sie verliebte sich in den gutaussehenden jungen Emigranten aus Lübeck, der 1938 ausgebürgert und norwegischer Staatsbürger geworden war.
»Mein Mann war sehr eifersüchtig und wollte auf keinen Fall, daß ich einen anderen Mann kriege. Aber er ahnte etwas, denn als er noch im Krankenhaus lag, hab' ich Willy ab und zu getroffen.«
»Sie waren mit Willy damals schon zusammen?«

»Ja, damals, als mein Mann Ole so krank war, hatten Willy und ich schon ein richtiges Verhältnis miteinander. Aber er wollte sich noch nicht binden und ich auch nicht.«

»War Brandt das, was man einen Draufgänger nennt?«

»O ja! Er hatte großen Einfluß auf Frauen.«

Sie macht eine lange Pause, lacht unvermittelt.

»Aber ich wußte ja damals schon, daß er . . .«

Mit den Händen macht sie eine flatternde Bewegung.

». . . daß er viele Frauen hatte. Das war allgemein bekannt. Eines Tages kam ein Freund zu mir und sagte: ›Rut, was hast du nur mit Willy gemacht, der kann ja treu sein? Jedenfalls eine Weile.‹«

Nach dem Krieg folgte sie Brandt nach Berlin. Er mußte wieder seinen Geburtsnamen tragen, so wollten es die deutschen Behörden, und Rut trug ihn anfangs auch. Als sie 1948 ihren ersten Sohn Peter zur Welt brachte, wurde sie in den Papieren als Rut Frahm registriert.

Beide kamen in norwegischen Uniformen, gehörten in der bis auf die Grundmauern zerstörten alten Reichshauptstadt zu den ungeliebten Besatzern.

Brandt versuchte durchzusetzen, daß seine Freundin Fähnrich wurde, denn nur so erhielt sie das Recht, im Offizierskasino zu essen.

»Aber daraus wurde nichts. Ich wurde ein sogenannter Ziviloffizier mit einem kleinen Abzeichen am Ärmel.«

»Das war ja Brandt auch nur.«

»Nein, nein. Das wundert mich, daß Willy immer wieder gesagt und geschrieben hat, er wäre Ziviloffizier gewesen. Das stimmt nicht, er hatte den Rang eines Majors.«

»Warum haben Sie ihn geheiratet? Sie beide wollten sich doch nicht wieder binden.«

»Ich war nicht besessen darauf, ihn zu heiraten. Und das hat ihn so furchtbar geärgert. Ich *sollte* wollen. Aber ich *wollte* nicht wollen. Verstehen Sie? Er wollte sich nicht an *mich* binden, aber er wollte, daß ich mich an *ihn* binde.«
Sie verschränkt die Arme über der Brust.
»Wir haben geheiratet, weil ich schwanger war. Da hat er gesagt: ›Laß uns heiraten, das ist am besten.‹«
Für überzeugte Sozialisten war die Ehe damals noch immer ein bürgerliches Relikt, man heiratete, wenn es gar nicht mehr anders ging. So hatte es Brandt auch mit seiner ersten Lebensgefährtin Carlotta getan, die er erst heiratete, als sie die Tochter Ninja zur Welt gebracht hatte.
Während Frau Brandt erzählt, faßt sie mir bisweilen lachend auf den Unterarm, um ihren Sätzen mehr Nachdruck zu verleihen.
»Ich hörte, daß Brandt solche Berührungen haßte.«
»Ja, Arm in Arm sind wir nie gegangen. Er war schon ein merkwürdiger Mensch. In Versammlungen erhielt er von den Leuten volles Vertrauen. Aber mit einzelnen Menschen konnte er nicht sprechen. Wenn wir zum Beispiel durch Fabriken gingen, wußte er nicht, was er den Arbeitern sagen sollte, dabei kam er ja selbst aus einer Arbeiterfamilie. Seine Mutter war Verkäuferin im Konsum und sein Stiefvater Maurer. Ich mußte ihm dann immer zuflüstern: ›Jetzt mußt du dieses oder jenes fragen.‹ Er konnte es nicht.«
Ich will wissen, ob das zu Hause anders war.
»Ach«, stöhnt sie, »mit den Kindern war er sehr lieb, wenn man das so nennen will, aber es war immer irgendwie fremd. Wenn er nach Hause kam, setzte er sich an

den Schreibtisch in seinem Zimmer und hat nicht gesprochen.«

»Rudolf Augstein, der ihn gut kannte, hat in einem Interview behauptet, er hätte nicht mal die Kinderzimmer seiner Söhne von innen gesehen. Stimmt das?«

Rut Brandt gießt Kaffee nach und überlegt.

»Das glaube ich nicht, aber für Schularbeiten hatte er natürlich keine Zeit, und ich konnte zuwenig Deutsch.«

»Der vielgeliebte Vater der Nation hat sich mit seinen eigenen Kindern nicht beschäftigt?«

»Doch«, antwortet sie sehr zögerlich, »er hat mal aus den Wikingersagen vorgelesen, und einmal war er mit Lasse angeln, vielleicht hat er auch mal Fußball gespielt.«

Sie zählt es an den Fingern ihrer rechten Hand ab.

»Mehr als auf diese drei Sachen in all den Jahren komme ich nicht.«

»Und wenn die Pressefotografen kamen?«

»Ja dann«, ihre Stimme hebt sich, sie lacht mit einem Anflug von Bitterkeit, »dann hat er natürlich Fußball gespielt oder ›Mensch ärgere Dich nicht‹ und so was.«

Ein lautstarkes Interesse zumindest an seinem ältesten Sohn zeigte Vater Brandt dann doch eines Tages. Peter wurde überzeugter Sozialist, wie es der Vater vor langer Zeit selbst einmal gewesen war, und engagierte sich tatkräftig in der APO, was ihm und Willy Brandt polemische Attacken in der Springerpresse eintrug. Zu Hause wurde der zwanzigjährige Rebell dann noch zusätzlich heftigst von dem Parteipolitiker Brandt unter Druck gesetzt, der, während in Bonn die »Große Koalition« zwischen SPD und CDU herrschte, sich's mit seinen politischen Gegnern auf keinen Fall verderben wollte. Seine

Karriere stand auf dem Spiel. Es gab wortstarke, politische Auseinandersetzungen.
»Entweder du hörst mit diesem Unfug sofort auf«, drohte der politische Hoffnungsträger der jungen Generation seinem Sohn, »oder du zwingst mich, als Regierender Bürgermeister zurückzutreten.«
»Na ja«, lächelt Frau Brandt, »er trat natürlich nicht zurück. Außerdem, was hat denn Peter schon Schlimmes gemacht? Er hat nichts anderes getan als die meisten Berliner Studenten auch. Aber man hat ja immer verlangt, daß die Söhne eines berühmten Politikers besonders brav sein sollten.«
Wir schweigen eine Weile, draußen rast ein Polizeiwagen mit heulendem Martinshorn vorbei.
»Viele unserer Freunde und Bekannten hatten keine Ahnung, wie er im Grunde war«, sagt sie schließlich.
»War es ihm wichtig, in der Gesellschaft den Schein zu wahren?«
»Ich denke schon. Er konnte seine Gefühle gut verbergen. Ich sehe ihn noch vor mir, als er im Herbst 1971 den Friedensnobelpreis bekam. Ich saß zu Hause und sah die Übertragung irgendeiner Debatte im Bundestag. Plötzlich gab der Herr von Hassel, der war ja damals Präsident des Parlamentes, bekannt: ›Willy Brandt hat soeben den Nobelpreis bekommen.‹ Alles hat applaudiert, die Abgeordneten erhoben sich, nur die von der CDU/CSU blieben sitzen. Und Willy? Er zeigte nur eine steife Maske. Sonst nichts.«
Das große, unantastbare Denkmal, das der Freund und Wahlkämpfer Günther Grass »statuarisch geschichtsträchtig« genannt hatte, beschreibt sie als einen Gehemmten, dessen Innenleben sie kaum kannte, ja,

das er selbst nicht kannte, wohl auch nicht kennen wollte.
Ich frage, ob sie diese Ängste vor Nähe und Gefühl schon früher bei ihm bemerkt hatte.
»O ja, ich hab' das schon früh bemerkt. Ich weiß noch, es war einmal in Schweden, da waren wir in Winterferien. Da hab' ich ihn irgendwas gefragt über etwas, das ich gelesen hatte. Da hat er mir geantwortet . . .«
Während sie das sagt, klopft sie im Rhythmus der Wörter energisch auf ihr Knie.
»›Du darfst mich gar nichts mehr fragen. Gar nichts.«
»Was durften Sie nicht fragen?«
»Ich weiß nicht, was es war. Man sollte ihn nicht fragen. Später dann, als ich nach seinem Rücktritt aus den Zeitungen seine Frauengeschichten erfahren habe – o Gott, das war schlimm –, hab' ich natürlich doch gefragt: ›Erzähl mir doch, wie es war, vielleicht können wir drüber lachen.‹ – ›Nein‹, hat er gesagt, ›was für dich wesentlich ist, das ist für mich Peripherie.‹ Und ich hab' ihm darauf gesagt: ›Ich werde dich nie wieder fragen. Trotzdem werde ich dir helfen, so gut ich kann.‹«
»Was meinte er mit Peripherie?«
»Na, seine Frauenaffären.«
»Für Sie war das existentiell bedrohlich.«
»Das spielte doch keine Rolle.«
»Sicher war das die Folge, daß Sie sich im Laufe der Jahre auseinandergelebt hatten.«
»Diese Kühle hab' ich schon früher erlebt. Er war so. Ich weiß noch genau, wie wir bei seiner Mutter und seinem Stiefvater in Lübeck waren. Da war er auch so. Höflich und kühl.«
»Er war nicht liebesfähig?«

»Weiß ich nicht.«
Sie schweigt wieder und sagt schnell und ganz leise: »Wenn's so wäre, würde ich's auch nicht sagen.«
Dann fährt sie in ihrem gewohnten Tonfall fort:
»Ich war sein Besitz – für eine Zeit. Was mich sehr tief enttäuscht hat, war, daß er in die USA fuhr, als ich Matthias zur Welt brachte. Da sollte er einen Ehrendoktor kriegen oder so was. Es war eine so schwere Geburt, und ich wußte nicht, ob ich es schaffe. Ach, das wird schon klappen, hat er gesagt und ist einfach abgereist.«
Ich wende ein, daß Matthias 1961 im Jahr der Mauer geboren wurde und der Regierende Bürgermeister von Berlin damals im Blickpunkt der Weltpolitik stand.
»Diese Reise hätte er verschieben müssen. Irgendwie. Ich weiß nicht wie.«
»Haben Sie damals daran gedacht, sich von ihm scheiden zu lassen?«
»Ja«, antwortet sie sofort, »schon Mitte der fünfziger Jahre. Aber den Kindern zuliebe habe ich's dann doch nicht getan.«
»Das haben Sie ihm gesagt?«
»Nein! Das hab' ich für mich behalten. Aber ich hab' das aufgeschrieben. Wenn mich irgendwas sehr verletzt hat, hab' ich's auf Zettel geschrieben.«
Diese Zettel waren über viele Ehejahre die einzigen »Gesprächspartner«, die sie hatte. Sorgfältig hob sie alle auf. Erst als sie ihr Buch schrieb, »um zu mir selbst zu kommen«, kramte sie die Dokumente der alten Narben wieder hervor.
Ohne daß ich frage, kommt sie auf ihre Krankheiten zu sprechen. An Galle und Magen.
»Ich hatte immer mit dem Magen zu tun. Das kam in der

Ehe, als Willy und ich nach Berlin-Schlachtensee zogen. Erst war es Gastritis, dann kamen Magengeschwüre. Jedes Jahr kamen diese Schmerzen. Und die waren schlimm. Das rührte natürlich daher, daß ich soviel runterschlucken mußte. So was schlägt auf den Magen. Und nachdem ich geschieden war, ist mein Magen geplatzt. Ja, ich bekam einen Magendurchbruch. Ich glaubte, ich müßte sterben. Furchtbar. Dann dachte ich wieder: Die Kinder sind groß, es wäre mir wirklich am liebsten, ich würde sterben. Aber seitdem«, sie klatscht triumphierend in die Hände, »seitdem habe ich überhaupt keine Probleme mehr mit dem Magen. Ich bin gesund.«

»Haben Ihre Söhne die Ehekrisen mitbekommen?«

»Damals nicht, nein.«

Sie öffnet die verchromte Isolierkanne, gießt sich einen Kaffee nach, schaut zum Fenster hinaus in die dunkler werdende Eifel.

»Ach, manchmal denke ich, meine Kinder haben es sehr viel schwerer gehabt als ich. Kinder von berühmten Vätern haben's natürlich immer schwer, und das merkt man ihnen auch heute noch an. Sie sind sehr zurückhaltend. Sie sagen nichts mehr und wollen nicht auffallen.«

Im Arbeitszimmer von Niels Nörlund rattert das Telefon, der Anrufbeantworter springt an. Man hört die Ansage auf deutsch und norwegisch.

Rut Brandt lacht kurz darüber, wird sofort wieder ernst. »Willy hatte ja diese Depressionen«, berichtet sie in sachlichem Ton. »Da wurde er noch stiller, zog sich noch mehr zurück und lag dann im Bett. Dabei sprach er kein Wort. Nicht mit mir, nicht mit den Kindern. Ich bin dann nicht in sein Zimmer gegangen.«

»Und warum nicht?«
»Weil ich dachte, was soll das, wenn ich nicht mal ›Guten Tag, wie geht's dir?‹ sagen kann, ohne eine Antwort zu bekommen. Das Hausmädchen machte das dann und brachte ihm das Essen. Manchmal hab' ich Egon Bahr angerufen, und der ging dann rein. Aber ich weiß nicht, was sie da besprochen haben.«
»Mit ihm hat er also doch gesprochen?«
»Weiß ich nicht.«
»Kam das öfter vor?«
»Zum erstenmal war das in Schweden. In Berlin bemerkte ich's nicht so sehr. Nur einmal. Und dann wieder in Bonn, als er Kanzler war. Das ging immer so ungefähr eine Woche.«
»Wie wurde das der Öffentlichkeit erklärt?«
»Es stand dann immer in der Zeitung: Der Kanzler hat eine fiebrige Erkältung.«
Sie lacht amüsiert.
»Was war der Grund dieser Depressionen?«
»Weiß ich nicht«, ist die trockene Antwort.
»Depressionen«, versuche ich nachzuhaken, »sind ja auch ein Ausdruck von Haß, der nicht ausgelebt wird. War es so bei ihm?«
»Weiß ich nicht. Er hat's mir nicht gesagt.«
»Haben Sie nie nach seiner Kindheit geforscht?«
»Nach seiner Kindheit? Nein, darüber hat er nie was erzählt. Er hat nur immer gesagt: ›Die liegt in einem dichten Nebel.‹«
Die zierliche Frau sinniert eine Weile, kommt dann doch auf eine bezeichnende Kleinigkeit:
»Nur einmal hat er mir was erzählt. In den zwanziger Jahren, als er sehr arm war und bei seinem Großvater lebte,

schenkte der Bäcker ihm einen Laib Brot. Aber den mußte er zurückgeben. Das war für ihn etwas Heroisches. Er war stolz darauf. Sonst hab' ich nie was von ihm erfahren.«
Rut Brandt greift nach einem Lachsschnittchen und betont noch mal, daß der Fisch tatsächlich aus Norwegen stammt.
»Ach ja«, sagt sie in ihrer hohen Mädchenstimme, »ich kann nicht sagen, daß ich all die Jahre unglücklich war. Wir haben auch viel Spaß gehabt. Ich erinnere mich noch genau, als wir jung verliebt waren, gingen wir einmal über eine Brücke in Norwegen und haben nur Quatsch gemacht.« Das muß wohl irgendwann in den vierziger Jahren gewesen sein.
Rut Brandt erzählt von den Fahrten durch Deutschland, die sie mit ihrem Lebensgefährten Vörlund im roten Volvo macht.
»Dank Niels habe ich Deutschland erst richtig kennengelernt in den vergangenen Jahren«, sagt die Frau des Politikers, der dieses Land einmal regiert hat und dessen Namen sie immer noch trägt.
»Ist die SPD nach der Scheidung zu Ihnen auf Distanz gegangen?« frage ich.
»Ja, das ist doch verständlich. Er hatte jetzt eine andere. Die Partei ist natürlich von mir abgerückt.«
»Warum ist das verständlich?«
»Etwas anderes hätte Willy nicht akzeptiert.«
Ich verstehe nicht gleich, frage nach.
»Heißt das, niemand von den Genossen hat Sie besucht?«
»Von den Leuten an der Spitze niemand. Die haben sich völlig zurückgezogen. Nur Helmut Schmidt hat mich mal eingeladen.«

»Auch Willys politische Söhne nicht, also Lafontaine, Engholm?«
»Niemand.«
»Egon Bahr ist auch nicht gekommen?«
»Der hätte sich auch gar nicht an mich wenden können, denn das hätte Egon, wie er nun mal ist, dem Willy sofort erzählt. Und dann weiß man nicht, wie Willy reagiert hätte. Nur Horst Ehmke hatte keine Angst und hat sich schon mal blicken lassen.«
»Was ist, denken Sie, der Grund?«
»Weiß nicht. Willy war ein sehr eifersüchtiger Mann.«
Ob sie noch in der SPD ist, will ich von ihr wissen. Nein, als sie Deutschland nach der Scheidung verließ, hat sie sich abgemeldet, zahlt keine Beiträge mehr. »Aber ich will wieder reingehen«, beteuert sie.
Einmal wollte sie gegen die Partei, mit der sie ein Leben lang seit der Jugendzeit verbunden ist, aufbegehren. Das war nach der Scheidung. Sie wollte vielleicht vom zerbrochenen Denkmal auch politisch abrücken, aber, bekennt sie mit einem traurigen Lachen:
»Ich wollte mal, daß die Grünen ins Parlament kommen. Aber als ich in die Wahlkabine kam, hab' ich ganz automatisch mein Kreuzchen bei der SPD gemacht. Ich wollte einmal rebellieren, aber konnte es nicht. Ich kann nicht anders wählen. Mit dieser Bewegung bin ich groß geworden. Ich kann nicht anders.«
Wir hören das Türschloß. Niels Nörlund kommt zurück, beide begrüßen sich mit zärtlicher Umarmung und Kuß. Ich habe das Gefühl, ich würde den stillen, häuslichen Frieden der beiden durch meine Anwesenheit jetzt stören, und verabschiede mich schnell.

EUGEN DREWERMANN

Kathol. Theologe und Psychotherapeut

Geboren am 20. Juni 1940 in Bergkamen bei Dortmund. Studium der Philosophie in Münster, der Theologie in Paderborn. Wurde zum Priester geweiht.
Nach dem Amt eines Studentenseelsorgers in Paderborn und Aushilfspriesters wurde er Privatdozent für Dogmatik an der Katholischen Theologischen Fakultät in Paderborn.
Geriet mit der Kirche durch seine durch die Psychoanalyse geprägten Bibel-Interpretationen in zunehmend schwerer werdende Auseinandersetzungen. Zentraler Vorwurf: Er leugne die Geschichtlichkeit der Offenbarung, etwa der Gottessohnschaft Jesu.
1991 wurde ihm die kirchliche Lehrerlaubnis entzogen, 1992 erteilte ihm Erzbischof Degenhardt Predigtverbot. Im selben Jahr erfolgte der Entzug des Priesteramtes.
Schrieb etwa vierzig Bücher.
U. a. »Tiefenpsychologie und Exegese« (2 Bände), »Das Markusevangelium« (2 Bände), »Kleriker-Psychogramm eines Ideals« und diverse Märcheninterpretationen: »Das Mädchen ohne Hände«, »Der Goldene Vogel«, »Frau Holle«, »Schneeweißchen und Rosenrot« u. a.
Lebt in Paderborn als freier Schriftsteller.

Drewermann hat kein Telefon. Wer ihn erreichen will, muß ihm ein Fax schicken. Aber er besitzt auch kein Gerät dafür. Das Fax erreicht ihn nur über das Hotel, das sich im Haus neben seiner Wohnung befindet. Jeden zweiten, dritten Tag holt er einen Stapel Papier mit Einladungen, Interviewwünschen und Einladungen zu Vorträgen an der Rezeption ab und ruft dann zurück. Oder auch nicht. Mich rief er zurück, ich hatte Glück. Wir machen Anfang Oktober einen Termin für den Dezember aus. »Nein, es tut mir leid, früher kann ich leider nicht. Ich habe nicht eine Stunde Zeit zwischendurch«, sagt er mir am Telefon. »Können Sie um eins kommen? Dann haben wir genau bis drei Uhr.«

Das häßliche Haus aus Betonplatten an der Hauptstraße, in dem der »Kirchenkritiker und Rebell gegen den Papst« wohnt, kennt jeder Taxifahrer in Paderborn. Drewermann ist der einzige Prominente in der westfälischen Kleinstadt, die außer alten karolingischen Resten und einem alten konservativen Erzbischof für Fremde kaum Attraktionen bietet.

»Drewermann – Deinhardt« steht auf dem blauen Plastikschild. Ich klingele, aber niemand öffnet. Nach fünf Minuten kommt Drewermann in seinem dunkelgrauen Pullover, den er auch in seinen Fernsehauftritten trägt, zur Haustür heraus, freundlich, mit sanftem Händedruck und sagt: »Wir setzen uns am besten irgendwo ins Hotel, wo es ruhig ist.«

Das Konferenzzimmer, kahl und quadratisch, hat den Charme einer Justizvollzugsanstalt. Die Kellnerin bringt Tee in Metallkännchen und Tassen aus Steingut. Ja, ruhig ist es hier wirklich.

»Ich habe im Pressearchiv gelesen, was in den vergangenen Jahren über Sie geschrieben wurde, aber ich habe über Ihre Biographie nichts gefunden. Warum nicht? Reden Sie nicht gern über sich?« frage ich.

»Ich wurde nie gefragt«, antwortet er und lächelt, »die Medien wollen von mir immer nur Aktuelles hören und natürlich Kirchenkritik. Aber die interessiert mich immer weniger, die bietet höchstens noch mal einen Lacher in meinen Vorträgen.«

Also reden wir über ihn.

Eugen Drewermann wohnt und arbeitet, erzählt er, in einer bescheidenen Wohnung von fünfundsiebzig Quadratmetern, zweieinhalb Zimmer, Bad, Küche, Besenkammer. »Aber ich hab' nicht das Gefühl, spartanisch zu leben. Nein, ich halte nicht viel davon, Ballast zu besitzen, dessen Pflege ja soviel Energie verbraucht. Was ich brauche, ist ein Blatt Papier und einen Kugelschreiber. Und Bücher zur Information.«

Er schiebt die Kanne und die noch leere Tasse von sich weg.

»Um ein Stückchen Wahrheit zu finden, muß man frei sein von Angst und Abhängigkeit.«

Drewermann, Kind armer Leute aus Bergkamen, Nähe Dortmund, kennt sogar ein »elementares Schuldgefühl fürs Essen«, wie er das nennt. Als die Zeit des Hungers nach dem Krieg kam und das Notwendigste selbst auf

Lebensmittelkarten nur knapp zu haben war, erhielt der Vater, der Bergmann war, täglich eine Sonderration. »Das waren Doppeldecker, also zwei Scheiben belegtes, zusammengeklapptes Brot. Die brachte mein Vater mit, wenn er von der Arbeit nach Hause kam. Er konnte also eine ganze Schicht fast nüchtern überstehen, damit wir Kinder was zu essen bekamen. Die Folge war, er wurde krank und bekam Diphtherie.«

Und da er der Jüngste von dreien war, »bekam ich zwar das meiste ab, aber auch die meisten Schuldgefühle. Ich wollte meinem Vater nichts wegessen und meinen Geschwistern auch nicht. Also würgte ich das Brot runter.«

»Das Schuldgefühl blieb?«

»Ja, später hatte ich dramatische Phantasien. In meiner Jugend rechnete man mit fünfzehn Millionen Verhungernden weltweit. Heute, glaube ich, sind es bereits fünfzig Millionen oder noch mehr. Frevelhaft. Ich dachte, je weniger man für sich braucht, desto besser wird man als Mensch. Das hab' ich damals gelernt, und das hat mein Gewissen sehr geprägt. Irgend etwas in Anspruch zu nehmen, wurde für mich zum Problem. Dramatisch.«

Seine ganze Kindheit war voller Angst. Die Verhältnisse waren so, aber die Eltern auch.

»Mein Vater«, erinnert er sich, »hatte eine völlig entfremdete Jugend. Mit neunzehn ging er freiwillig in den Ersten Weltkrieg, ist dann 1918 zurückgekehrt mit einer Verletzung an der Hand. Dann kam er in den Pütt. Vom Schlepper an mußte er sich hocharbeiten. Soweit er kam.«

Er brachte es bis zum Reviersteiger, doch der Aufstieg überforderte ihn, bei jeder Kleinigkeit explodierte er.

»Die Kunst meines Vaters war«, Drewermann versucht

eine leicht ironische Wendung wie manchmal, wenn er etwas Fürchterliches relativieren will, »mit dem Rohrstock ordentlich zuzulangen. Aber meist genügte es, wenn er sagte, was er wollte. Dann galt das.«

Es war Krieg, Eugen war drei oder vier, und er war mit den Geschwistern zum Waldstollen, der ein Bunker war, gegangen, wo die Mutter sie abholen wollte. Doch sie verpaßten sich, Mutter machte sich Sorgen, denn jeden Moment konnten wieder die Flieger mit den Bomben über den Himmel heulen.

»Als mein Vater abends nach Hause kam, nahm er sich meine beiden Geschwister vor als pflichtvergessen und daß sie gefälligst das zu tun hätten, was Mutter anordnete. Dann gab es eine regelrechte Exekution.«

Drewermann spricht noch leiser als sonst: »Ich seh' nur noch, wie mein Vater auf meinen Bruder wild draufhaut. Und der springt schreiend durchs Zimmer. Das war schlimm, nicht nur, weil ich dachte, jetzt komm' ich auch gleich dran, was nicht der Fall war.«

In beschönigender Sanftheit fügt er hinzu, diesmal ohne den leisesten Unterton von Ironie:

»Wenn ich heute darüber nachdenke, waren die Schläge gutwillig gemeint. Aber sie waren wohl des Guten zuviel.«

»Haben Sie gelernt«, fragte ich, »anders als der Vater mit Aggressionen umzugehen?«

»Schreien und Toben liegt mir nicht. Die Anfälle von Jähzorn meines Vaters fand ich lächerlich. Ich konnte sein Toben anhören wie ein Gewitter, das vorüberzieht. Dadurch war ich nicht einzuschüchtern.«

»Wie Sie sich heute der Gewalt der Kirchenhierarchie gegenüber verhalten, haben Sie schon als Kind gelernt?«

»Sicher.«
»Welche Gewalt empfinden Sie denn heute noch als bedrohlich?«
»Jede strukturelle Form der Gewalt. Wie sie die Kirche zum Beispiel ausübt. Mein Pazifismus geht auf die totale Ablehnung physischer Gewalt, wie ich sie auch durch meinen Vater erlebte, zurück.«
Heute ist Drewermann Pazifist, der auch Gewalt gegen Tiere ablehnt. Er ißt kein Fleisch mehr.
»Haben Sie inzwischen gelernt, sich zu wehren?«
»Inzwischen hab' ich gelernt, meine Bedürfnisse zu formulieren und mich durchzusetzen. Aber als Kind war ich absolut wehrlos auf jedem Schulplatz. Nur durch Nettigkeit war ich überlebensfähig.«
Er macht einen Moment Pause, holt tief Luft:
»Das Schlimme war ja, in kritischen Momenten wurde bei uns zu Hause nicht gesprochen. Vater tat seine Pflicht, wie er sie verstand. Eindrücklich.«
»Hat Ihre Mutter Sie jemals geschlagen?«
Er nickt. Die Mutter schien ihm der wichtigste Mensch der frühen Jahre. Sie war fromm, sprach mit den Kindern bei Tisch und auf der Bettkante schöne, poetische Gebete, aber sie konnte auch ganz anders.
»Mit einem Nachbarjungen spielte ich in den Ruinen«, Drewermann beginnt ein Kinderdrama in seine Erinnerung zurückzuholen, das sein Gesicht schmerzhaft bewegt, »beide rangelten wir um ein Vorhängeschloß, das wir irgendwo gefunden hatten, beide wollten wir es haben. Doch es fiel in einen Gully und war weg. Der Freund sagte bei meiner Mutter gegen mich aus, ich hätte das Schloß absichtlich da hineingeworfen. Und Mutter glaubte ihm. Sie wollte, daß ich geständig sein sollte. Sie

wollte die Boshaftigkeit an dieser Stelle bestrafen und strafte mich mit dem Rohrstock. Außerdem mußte ich eine Stunde im dunklen Keller stehen. Sie wollte meinen Trotz brechen. Aber ich empfand es nicht als Trotz.«
Er blickt mich beschwörend an, als müsse er sich noch heute nach fast einem halben Jahrhundert rechtfertigen, daß er das Schloß wirklich nicht absichtlich in die Kanalisation geschubst hätte. Nein, wirklich und wahrhaftig nicht.
Aber das Leben des kleinen Eugen wurde noch ganz anders erschüttert. Im November 44 und März 45 wurde Bergkamen bombardiert, Luftminen zerstörten fast die ganze Stadt und die ganze Straße, in der die Familie wohnte. Die Alliierten glaubten, daß in der Schachtanlage und der Kokerei kriegswichtige Güter hergestellt würden. Zu Drewermanns frühesten Kindheitserinnerungen gehören die Tage im Bombenkeller, »den hatte mein Vater bergmännisch abgestützt und Balken eingezogen. Feuerpatsche und Gasmasken lagen immer griffbereit da«.
Heulende Sirenen, Geschrei flüchtender Menschen, eine völlig überforderte Mutter, die ihre drei Kinder in den Keller schleppte, das jüngste auf dem Arm, von fern oder auch ganz nah die Detonationen, der Geruch von zerberstendem Mauerwerk, Staub, Angst und Schweiß. Das Kind klammerte sich im weichen Pelzkragen am Mantel der Mutter fest. Vater war tagsüber, und die Briten bombten fast immer am Tage, irgendwo in der Schachtanlage »Monopol« auf Schicht.
Drewermann blickt unbewegt über den großen Konferenztisch zum Fenster, obwohl es nichts zu sehen gibt, die Gardinen sind zugezogen.

Er spricht in seinem monotonen Singsang, leise, ohne irgendein Wort zu betonen, erinnert sich, wie es nur jemand tut, der noch ganz in der Erinnerung an die Kindheit lebt, der weiß, daß alles, was später kam, seine Wurzel dort hat.
»Ich weiß noch sehr genau«, beginnt er, »es war an einem Sonntag im November 44. Es gab Alarm, und Mutter trieb uns an, uns in den Bunker aufzumachen. Das war der Zechenbunker, der als absolut sicher galt und dessen Eingang im Wäldchen lag. Ein paar Minuten zu Fuß. Aber ich hatte das Mittagessen verklüngelt und mümmelte noch am Pudding herum, als die Sirenen aufheulten. So nahm uns die Mutter in unseren Keller im Hause. Während wir die Treppe runterliefen, hörten wir schon die Detonationen. Als alles vorbei war und wir wieder raufkamen, war das Haus baufällig. Und wir hörten, daß der Stollenbunker, in den wir hätten gehen sollen, einen Volltreffer bekommen hatte. Über vierhundert Menschen waren umgekommen.«
»Sie haben durch Ihre Mümmelei der Familie das Leben gerettet.«
Drewermann nickt fast unmerklich, antwortet nichts.
»Aber sicher«, sage ich schließlich, »ist die Mutter Ihnen zum Dank um den Hals gefallen, hat Sie geküßt und umarmt.«
»Nein, das war nicht so. Da war erst mal das große Entsetzen. Es war die Hölle. Wir mußten das kaputte Haus verlassen, wurden herumgestoßen, mußten immer wieder umziehen, weil auch die anderen Häuser auseinanderbrachen.«
Die Schwester, sechs Jahre, der Bruder, sieben Jahre älter als er, und der knapp fünfjährige Eugen räumten

immer wieder die Trümmer weg, machten Ordnung, so gut es ging, klebten Tapeten, bis sie wieder runterfielen.
Ich erinnere mich, während Drewermann berichtet, an die traumatischen Zusammenbrüche meiner Kindheit, als mit einem Knall all das aus und kaputt war, was mir so fest und unzerstörbar erschienen war. Haus und Wohnung, Familie, Nachbarn, Schule, ganze Straßen, das Geld, einfach alles.
Häuser waren mit einem Mal Steinbrüche zum Spielen und Uniformen Putzlappen. Das machte angst, aber befreite schließlich auch.
»Wie lange wird die römische Kirche noch überleben?« frage ich.
»Nicht lange. Vielleicht fünfhundert Jahre, höchstens«, lächelt Drewermann.
Das Kriegsende bedeutete zwar das Ende der tödlichen Bedrohung aus der Luft, aber es folgten für das Kind noch andere.
Die Schachtanlage »Monopol« wurde von den Engländern demontiert, Vater wechselte zur Anlage »Kuckuck«. Doch eines Tages vernichtete ein Schlagwetter die ganze Schicht. Es gab vierhundertfünfzig Tote.
»Gott sei Dank war Vater mit dem letzten Korb noch nach oben gekommen. Die Kumpels waren alle tot.«
Der stets nervöse, cholerische Mann wurde noch cholerischer, noch nervöser. Die Kinder bekamen es zu spüren, wenn er dann überhaupt mal zu Hause war. Was selten war, denn er wurde zum Wetterfahrsteiger befördert und damit zum Verantwortlichen für die Sicherheit unter Tage.
»Bei jeder Schicht ist er seine vierzig Kilometer unter

Tage abgelaufen mit Manometern zur Windmessung. Die Methangaskonzentration maß er mit einer einfachen Sicherheitslampe. Trotzdem passierten immer wieder kleinere Unglücke.«

Der Vater, ein protestantischer Preuße, korrekt, gehorsam, ehrgeizig, aber doch erfolglos, der nicht das erreichte, was seine Frau einmal von ihm erwartet hatte, wurde eines Tages in das Büro der Konzernleitung nach Düsseldorf zitiert. Da sollte er bezeugen, daß die Sicherheit unter Tage ganz vorzüglich sei, doch das konnte er nicht, denn er wußte es besser.

»Als preußischer Offizier aus dem ersten Krieg«, erinnert sich Drewermann, »war er in diesem Dilemma absolut überfordert. Er wollte der Zechenleitung gegenüber loyal sein, aber er wußte, daß das, was er bezeugen sollte, nicht die Wahrheit war.«

Seine Reaktion: Er bekam schwere Magengeschwüre, erkrankte lebensgefährlich und kam ins Krankenhaus. Er war jemand, der nie gelernt hatte, über sich zu sprechen. Wenn er litt, dann schwieg er, schlug zu oder wurde krank. Die fromme, katholische Mutter blieb hilflos.

»Hatten die Eltern ein liebevolles Verhältnis zueinander?« will ich wissen.

»Nein, so hab' ich das nie erlebt. Es war auch kein dialogisches Verhältnis. Wenn wir bei Tisch saßen, pflegte sie manchmal zu erzählen, was sie am Tage so erlebt hatte. Meinen Vater interessierte das überhaupt nicht. Er stand dann auf, machte das Radio an, weil es begann, ihn zu langweilen.«

»Haben Sie jemals gesehen, daß die Eltern sich umarmt hätten?«

Drewermann schüttelt den Kopf: »Nein, nie. Meine Mut-

ter war mit dem Leitsatz in die Ehe gegangen: Wer einen Bergmann heiratet, der hat eine schwere Ehe und muß als Frau das, was er wünscht, auch tun.«
»Wurden Sie denn als Kind umarmt und geküßt?«
»Ja«, sagt er zögernd, »bei meinem Vater konnte ich auf dem Schoß sitzen.«
»Und bei der Mutter?«
Er preßt die Lippen zusammen, überlegt:
»Vielleicht als ich ganz klein war, ich kann mich nicht erinnern. Aber seit den Bombardierungen 1944? Nein. Meine Mutter hatte in der Kriegszeit anderes zu tun.«
Drewermann mag niemandem Schuld zuweisen. Am wenigsten seiner Mutter, die er liebte – trotz allem. Sie neigte zu Depressionen, war in der Ehe sehr unglücklich.
»Durch die Inflation«, sagt Drewermann, indem er die rechte Hand spreizt und den Daumen abwinkelt, »hatte Mutters Familie ihr Erspartes verloren. Der soziale Absturz war niederdrückend für sie. Dann heiratete sie auch noch einen Bergmann, und das war für sie noch mal ein Abstieg. So litt sie unter chronischem Selbstwertzweifel. Die verstärkten sich noch, als ich mit zwölf, dreizehn ihr alle möglichen Fragen stellte. Was meine Mutter darauf antwortete, konnte ich nicht mehr ernst nehmen. Sie konnte dann so Worte sagen wie: ›Deine Mutter ist wohl zu dumm.‹ Das tat ihr dann sehr weh.«
»Kennen Sie Depressionen an sich selbst?«
»Für mich ist die Welt von Hause aus ein Jammertal.«
»Und wie erleben Sie den Absturz ins Tal?«
»Zur Zeit meines Studiums passierte das oft. Ich zog die Gardinen zu, legte mich hin und hatte eine mittlere Weltuntergangsstimmung. Weltschmerz, ozeanische Gefühle. Ich wußte nicht weiter. Diese Phasen vermisse ich

heute, denn sie haben bei mir Fragen ausgelöst, die sehr produktiv waren. An diesen ungelösten Fragen und auch an mir selbst tüftelte ich dann herum.«
»Dann wußten Sie: Jetzt bin ich in einer Depression?«
»Ich erlebte diese Depressionen zunächst als Weltanschauungsprobleme. Wenn ich anfing, mir selbst zu beweisen, daß die Welt absolut sinnlos ist, daß es weder einen Gott gibt noch ein Jenseits, jede Art von Streben umsonst ist, Kreaturen völlig sinnlos gequält werden und dies der einzige Aspekt der Welt ist, der dann für mich noch übrigbleibt, dann weiß ich, daß ich in einer Depression stecke.«
»Können Sie dann schreiben?«
»Früher hörte ich Musik, las Rilke oder tat gar nichts mehr, wartete im Bett, bis es vorüber war. Dann half mir aber später das Schreiben, meine Fragen wirklich durchzustehen. Dann erschienen immer auch Wahrheiten in diesem Zustand.«
Drewermann greift zur längst kalt gewordenen Teekanne, gießt den längst kalt gewordenen Tee in die Tasse und nimmt vorsichtig einen Schluck.
»Schade«, seufzt er, »diese Tiefgänge in die Förderschächte unterhalb der sechsten, siebten Sohle sind selten geworden, weil mich die Alltagsarbeit fast erdrückt und die Verpflichtung, irgend etwas Konstruktives zu denken.«
Er stellt die Tasse wieder zurück auf die Untertasse und legt den Löffel sacht und geräuschlos dazu.
»Aber die wirklichen Probleme warten auf eine Antwort, die ich auch nicht kenne. Das ist für mich eine Sackgasse.«
»Waren Ihre Depressionen auch Ausdruck Ihrer sexuellen Not?«

»Sicher. Das waren sie. Ich lebte in Schuldgefühlen von der ersten Beichte an. Doktorspiele waren Sünde.«
»Haben Sie sich denn im frommen Elternhaus so was getraut?«
Er zieht die Augenbrauen zusammen, sagt leise zu sich selbst:
»Wie war das?« und denkt nach.
»Ich war vielleicht vier Jahre alt. Da haben ein Freund und ich auf dem Bahndamm probiert, wie weit man mit dem Urinieren kommt. Mutter muß das wohl beobachtet haben, und damit ist sie dann erzieherisch nicht ganz fertig geworden. Sie sagte aber nichts, traute sich wohl auch nicht, war nur sehr unsicher.«
»Und damit war's dann erledigt?«
»Keineswegs. Statt dessen fragte sie dann meine sehr fromme Tante, und die fand es ganz unmöglich, daß meine Mutter nicht eingeschritten war und so was unterbunden hatte.«
Um die moralische Entrüstung der Tante zu unterstreichen, klopft Drewermann, so energisch er kann, auf die Tischplatte, aber es klingt nur wie zaghaftes Pochen an der Himmelstür.
»Das harmlose Spiel hatten also Mutter und Tante als sexuell empfunden?«
»Klar«, ein Ansatz von Lächeln geht über seinen Mund, »wir haben doch das Geschlechtsteil öffentlich gezeigt. Darum ging's doch. Das war unkeusch.«
»Sie mußten das dann beichten?«
»Sobald ich zur Beichte gehen mußte, also noch viele, viele Jahre später, mußte ich das beichten. Ja, klar.«
Spielzeug gab es wenig für die Kinder, aber es gab Sammelbildchen in den Margarineschachteln. Die schönsten

fand er bei »Sanella«, die war zwar ein bißchen teurer als die Tafelmargarine, aber irgendwann war das Sammelalbum doch voll.

»Ich hatte dann ein Album über Afrika, und darin waren Abbildungen von«, er zögert, »von nackten Männern und Frauen. Für mich als Kind war das zunächst kein Problem, aber es wurde eins.«

Wieder griffen Mutter und Tante in ihrem katholischen Rigorismus ein, und das »bestätigte mich in meinem Gefühl, das ich ohnedies hatte, diese Dinge sind eigentlich schwer sündhaft«.

»Das Album wanderte in den Ofen?«

»Nein, nein, Mutter sprach mit mir kein einziges Wort. Sie schwieg und tat auch nichts. Aber die Angst war im Raum.«

Das allzu brave Kind, in den katholischen Ketten gefangen, hatte aber doch ein paar ganz wenige Menschen, die ihn zum selbständigen Denken verführten. Da war Onkel Paul, der Bruder des Vaters:

»Schon als ich zwölf war«, Drewermanns Augen leuchten, als er von ihm erzählt, »haben meine Eltern mich gewarnt: Werde nie so wie der Onkel Paul. Er glaubte an die ›Internationale‹, gab sich als Anarchist, las Erich Mühsam und verschenkte seinen Lohn am Werkstor den Arbeitslosen. Was ›die da oben‹ machten, hielt er sowieso für Beschiß, und das sagte er auch. Er heiratete eine todkranke Frau, die ein paar Jahre später sehr glücklich starb. In meinen Augen war er ein wunderbarer Mensch. Onkel Paul schrieb mir zur Priesterweihe, es wäre doch ein Verrat, daß ich als ein Drewermann in eine Institution eintrete, die behauptet, die Wahrheit zu vertreten. Aber ich müßte doch als vernünftiger

Mensch wissen, daß keine Institution dazu da ist, die Wahrheit zu vertreten. Dieser Onkel ist wohl der einzige, der klar durchgeblickt hat. Er gehört zu den guten Geistern, die mir immer näher rücken.«
Doch waren da noch andere »gute Geister«.
»Es gibt einen Mann, dem ich mein Leben verdanke«, Drewermann meint es ganz und gar ernst. »Religion war für mich, als ich zur Schule ging und auch später während des Studiums, so lebenswichtig wie Brot. Sobald sie sich in Frage stellte, schwankte alles. Schlimmer als bei einem Erdbeben. Aber auf meine vernünftigen Fragen gab es keine vernünftigen Antworten. Schlimmer noch, es gab ein Denkverbot. Wenn ein Papst mal irgendeine abscheuliche Dummheit gesagt hatte, daß die Schlange im Paradies wirklich gesprochen hatte oder irgendeinen anderen Mumpitz, dann galt das. Ich hatte als Schüler Hebräisch als Autodidakt gelernt, durfte die Lehrerbibliothek benutzen. Wirklich, ich wußte es besser, zweifelte also. Und nur mein Deutschlehrer akzeptierte meine Zweifel, lobte jeden noch so kühnen Gedanken, wenn es denn ein Gedanke war und er sprachlich gut verpackt war. Er war«, Drewermann ist amüsiert, so als gebe er endlich ein wohlgehütetes Geheimnis preis, »er war ein Freigeist. Er glaubte an nichts.«
»Trotzdem haben Sie Theologie studiert. Was für ein Irrtum.«
»Kann sein, wenn ich noch mal anfangen würde, dann würde ich Naturwissenschaften studieren. Denn hinter den komplizierten Vorgängen der Natur stecken doch metaphysische Probleme. Und die interessieren mich sehr. Aber leider fehlen mir die Grundlagen in der Ma-

thematik. Quantenmechanik und Chaosforschung kann ich nicht nachvollziehen.«
Er blickt hinunter auf seine Fingerspitzen, die über die Tischkante fahren, und wehklagt: »Hab' ich verpaßt. Endgültig verpaßt.«
Drewermanns radikale Theologie, die sich schon während seiner Schul- und Studienzeit in ihm entwickelte, vergrätzte zunächst nur die goldgewandeten Greise im Vatikan, dann, 1990, wurde ihm verboten zu lehren, und 1992 schließlich verhängte der Bischof gegen ihn das totale Berufsverbot. Auf Befehl aus Rom.
»Haben Sie wie Ihr Vater darauf psychosomatisch reagiert?«
»Nein, das wundert mich selbst. In den letzten Jahren wäre es ja fast normal gewesen, wenn ich an Magen, Herz oder Kopf krank geworden wäre. Immerhin habe ich den gesamten Aufbau meines Berufslebens verloren. Freier Schriftsteller muß man auch erst mal werden.«
»Sie haben Ihre eigentliche Heimat verloren.«
»Ja, ich habe geistig meine Heimat verloren. Und damit auch die Welt meiner Mutter endgültig verloren.«
»Die Kirche war also auch Ihre Mutter?«
»Ganz und gar. Die katholische Welt meiner Mutter.«
»Was ist denn geblieben, nachdem die große Mutter Sie ausgespuckt hat?«
»Die Menschen außerhalb der Kirche werden mir immer interessanter als die, die drinnen sind. Und das sind heute vier Fünftel der Bevölkerung. Für die gibt es in der Kirche nicht die geringste Idee für eine Seelsorge. Aber diese Leute bringen mir bei, was Glauben wirklich sein könnte. Deren Lebensgeschichten sind es, die mir

helfen, die Bibel zu verstehen. Und ich sehe, daß Jesus genau das getan hat. Er ist den Menschen nachgegangen, die keine Chance hatten.«
»Solche Menschen kommen zu Ihnen als Therapeut?«
»Ja. Es sind zwei Drittel Frauen. Früher kamen auch Priester oder Nonnen, aber heute kaum noch, weil sie nicht dürfen. Das würde den Bruch mit der Kirche für sie bedeuten.«
In allen Zeitungsartikeln und Publikationen steht zu lesen, Drewermann sei Psychotherapeut.
»Warum haben Sie eine Analyse gemacht?«
»Ich glaube, aus dem Leben, das ich geführt habe, gab es nur einen einzigen Weg ins Freie. Und das war der Umweg über andere.«
»Wie? Sie haben sich mit der Psychoanalyse beschäftigt, um andere zu therapieren?«
»Ein halbes Jahr nach meiner Priesterweihe kamen Leute zu mir mit neurotischen und psychosomatischen Beschwerden. Die spürten bei mir eine hohe Bereitschaft, die Probleme verstehen zu wollen. Aber ich verstand sie nicht.«
»Aber Sie kamen doch mit sich selbst nicht klar.«
»Ich kam ja klar. Jedenfalls hab' ich mir das eingebildet. Ich hatte doch alles gelesen, ich kannte den Existentialismus, hatte Sartre und Camus gelesen, kannte Bultmann [evangel. Theologe, der versuchte, das Neue Testament zu entmythologisieren]. Es gab doch keine Frage, die ich nicht hätte beantworten können.«
Er lacht selbstironisch.
»Sie wollten Abstand von der Kirche?«
»Keineswegs. Die Kirche vertrat doch Gott selbst in meiner Vorstellung.«

Ich kann mein belustigtes Erstaunen nicht verbergen, so daß er schmunzelnd beteuert:

»Na ja, ich war damals mit diesem System identisch. Absolut identisch.«

»Sie haben tatsächlich eine große Lehranalyse hinter sich gebracht?«

Drewermann ist die Frage offenbar peinlich.

»Nein«, bekennt er, »ich habe in Göttingen-Tiefenbrunn nach der Methode von Schultz-Hencke [neoanalytische Richtung der Tiefenpsychologie, eher praxisorientiert] eine Ausbildung gemacht.«

»Und wieviel Stunden?«

»Gruppengespräche vielleicht zweihundert Stunden und Einzelanalyse . . .?«

Er ist unsicher, wie viele Stunden es gewesen sein könnten.

»Es können fünfzig bis siebzig gewesen sein, so in etwa nehme ich auch an.«

Ein Kandidat der Psychoanalyse darf sich nicht hinter einen Patienten auf der Couch setzen, bevor er nicht tausend Stunden selbst daraufgelegen hat. Aber Drewermann ist kein Analytiker, sondern ein Priester, der zwanzig Stunden pro Woche ohne Entgelt und neben seiner Arbeit als »freier Schriftsteller« als Gesprächstherapeut in seiner Wohnung arbeitet. Eine Lehranalyse hat er nie gemacht. Er brach sie ab.

»Warum haben Sie die Couch verlassen?«

»Glaube und Religion war der einzige Halt, den ich kannte. Aber was Freud und die Psychoanalyse sagte, brachte alles in Gefahr, was ich bis dahin für wahr gehalten hatte. Ich konnte diese beiden Welten einfach nicht zusammenbringen.«

»Konnten Sie auf der Couch darüber reden?«
»Überhaupt nicht, weil die Analytiker sagten, solche Weltanschauungsprobleme hat man nicht, wenn man vernünftig lebt. Das verstand ich nicht.«
»Und Ihre Kollegen aus der Theologie?«
»Die sagten: Die Analyse ist Quatsch, laß es sein. Das konnte ich auch nicht denken. Ich hatte niemanden, mit dem ich hätte reden können.«
»Haben Sie mit Ihrem Analytiker regelrecht gebrochen?«
»Ich weiß noch genau, ich lag auf der Couch und sagte ihm: ›Ich mach' nicht mehr weiter.‹ Er wertete das natürlich als Widerstand, der abgearbeitet werden müßte. Na, ich hab' ihm den Gefallen getan und einfach weitergeplappert. Es kam dann, wie es kommen sollte. Von Göttingen fuhr ich mit dem Auto nach Hause. Ich hatte damals eine rasende Begeisterung für schnelles Fahren. Im Scheinwerferlicht sah ich einen Hasen, aber erst im letzten Moment fing er an, sich zu bewegen, und ich mußte ausweichen. Es gab keine andere Wahl, der Wagen crashte an einen Baum. Gott sei Dank seitlich. Totalschaden.«
Kleinlaut fügte er hinzu:
»So hatte ich also kein Auto mehr und konnte nicht mehr nach Göttingen zur Analyse fahren.«
»Ein unbewußt inszenierter Selbstmordversuch?«
Drewermann erschreckt die Frage nicht. Ohne Umschweife bekennt er:
»Sicher. Ich war damals stark selbstmordgefährdet. Mein Konflikt war nicht lösbar.«
»Was hat Sie schließlich gerettet? Die Theologie?«
»Nein. Weihnachten 1970 las ich von Dostojewski ›Der Jüngling‹. Für mich war das lebensrettend. Das letzte Seil,

das ich damals hatte. Die Geschichte eines jungen Mannes, der mit der Welt seiner Eltern nicht zurechtkommt und der leben möchte.«

»Was ist in Ihnen damals abgelaufen?«

»Bei mir ist es so, daß Gefühle durch Denken ausgelöst werden. Denken, Fühlen und Glauben, das ist das magische Dreieck meines Lebens. Und durch Dostojewski kam das wieder zusammen.«

Ein wenig unklar bleibt mir das schon, verstehe aber besser, als Drewermann berichtet, wodurch die ersten Säulen seines Glaubenstempels einstürzten. Je mehr er begann, selbst zu leben, sah er, daß die römische Kirche »Glücksvernichtung« betrieb und die »Ausschaltung der Individualität im Gegensatz zur Psychoanalyse, die ja ganz simpel will, daß die Menschen glücklich werden«.

»Hat Ihnen Ihre Sexualität geholfen, sich selbst zu finden?«

»Sexualität war für mich Todsünde und . . .«, Drewermann, verbal sonst so sicher, verheddert sich in einem Sprachbild:

»Die Sexualität«, sagt er, »war der Eintritt in eine Kette unendlicher Schuldgefühle.«

»Wie sind Sie mit Ihrer Sexualität in der Pubertät umgegangen?«

»Ich hab' mit sechzehn oder siebzehn das zum erstenmal erlebt, was überhaupt zur Debatte steht. Als Orgasmus oder Ejakulation.«

»Wie alt waren Sie«, fragte ich, »als Sie mit jemand anders als mit sich selbst Sex gemacht haben?«

»Sehr viel später. Als ich mich bekannt hab' zu mir selber, das war . . .«

Drewermann bricht den Satz ab, blickt zum Fenster. Er

schweigt. Schweigt lange, fast eine Minute lang. So als wolle er mir seinen tiefen Schmerz stumm anvertrauen. Neben mir sitzt eine wächserne Figur, die die Züge des Mannes trägt, mit dem ich zwei Stunden geredet hatte. Ich betrachte ihn mit aufgerissenen Augen, bemerke, daß ich Angst bekomme.
Wir wechseln kein Wort. Es ist beklemmend, wahrscheinlich auch für ihn. Dann beginnt er von neuem:
»Es war der Versuch . . .« Wieder bricht er ab.
»Es ist alles paradox ein Stückel . . .«
Die Augen bleiben starr, die Lider bewegen sich nicht, jetzt endlich kommt wieder Leben in ihn.
»Ich sag' das allgemeiner. Ich bin zu mir selber gekommen, um anderen Menschen zu helfen. Ersatzweise.«
Noch bevor ich fragen kann, ob er aus Mitleid oder mit therapeutischer Absicht mit jemandem geschlafen hat, sagt er: »Ich hätte mir die Schritte ins Leben nie erlaubt, ohne zu denken, es würde auch einem anderen helfen. Aber es hat auch mir selber geholfen. So war das. Wunderbar.«
Am Klingelschild las ich neben seinem noch einen anderen Namen, also frage ich:
»Haben Sie heute jemanden, der Ihnen ganz nah ist?«
»Ich bin seit 1974 zusammen mit«, er verstummt für einen Moment, »mit einer Frau, die Beschäftigungstherapeutin ist und mit der ich mich wunderbar verstehe. Sie ist auch sehr religiös.«
»War das ein Problem, die Freundin vor den Kirchenfürsten zu verstecken?«
»Nein, nie. Es hätte auch nie eins werden können. Wir . . .«
Er schweigt.

»Als Priester«, sage ich, »mußten Sie keusch leben.«
»Das war nie der Punkt. Jeder kann sehen, daß das menschlich stimmt. Ich bin froh, aus der Perspektive des Beichtstuhls rausgekommen zu sein.«
»Das war für den Bischof wirklich kein Problem?«
»Selbst wenn der bei uns gewohnt hätte oder sein Aufseher, ich denke, er hätte gefunden, daß das so richtig ist.«
»Sie leben also wie Maria und Josef zusammen?«
»Es stimmt menschlich. Die könnten Wanzen in unsere Wohnung eingebaut haben, sie würden zu der Meinung kommen, daß es so stimmt.«
Die Tür des Konferenzzimmers wird geöffnet, eine Kellnerin steckt den Kopf herein, fragt, ob »die Herrschaften« noch etwas wollen. Wir verneinen, Drewermanns Teekännchen ist ohnedies noch halb voll. Ich gucke auf die Uhr. Es ist halb fünf.
Als wir wieder an der Hotelrezeption vorbeikommen, drückt ihm eine der Angestellten ein dickes, zusammengerolltes Bündel Faxe in die Hand. Mit einer müden Geste nimmt er es an.
»Ich denke«, sage ich, während wir uns verabschieden, »es wird Ihnen kein bißchen schaden, daß Sie jetzt auf den Vatikan von außen feuern und nicht mehr von innen. Ihre Bücher werden sich nach wie vor gut verkaufen.«
Er blickt auf das Papierbündel, seine Augen sind den Tränen nahe.
»Nein, nein«, sagt er leise, »ich habe keine Chance. Die Kirche wird mich überleben. Schon rein physisch. Wieviel Jahre hab' ich denn vor mir und wieviel Jahre die Kirche. Nein, ich habe keine Chance.«
»Aber Ihre Ideen werden bleiben.«

»Ich glaube nicht«, er versucht zu lächeln, »die Kirche hat in ihrer Geschichte das, was sie schließlich doch irgendwann akzeptieren mußte, aufgesogen. Und damit hat sie die Namen ihrer Kritiker ausgelöscht. So wird es mir ergehen. So war es immer.«

WILLY MILLOWITSCH

Schauspieler und Theaterleiter

Geboren am 8. Januar 1909 in Köln als Sohn des Volksschauspielers Peter M. (1880–1945). Die Familie betrieb seit 1796 ein Puppen-Theater, das sein Großvater Wilhelm Josef (1854–1909) in eine Mundart-Volksbühne umwandelte (1896). Nach dem Ersten Weltkrieg mußte das Theater wegen der schlechten Wirtschaftslage auf Tournee gehen. Er spielte seit frühester Kindheit auf der Bühne des Vaters, die er 1940 übernahm.
Seit Oktober 1953 überträgt der WDR sämtliche Inszenierungen des Theaters in der Aachener Straße in Köln. Insgesamt brachte die ARD über 90 Aufführungen ins Programm. 1989 erfüllte die Sendeanstalt seinen Wunsch, die Rolle des Fernsehkommissars in »Ein Fall für Onkel« zu übernehmen. Er spielte auch in der Noelte-Inszenierung den Totengräber in »Hamlet« und wirkte u. a. in den Kinofilmen »Die wilden Fünfziger« und »Pizza Colonia« mit.
M. erhielt 1984 das Bundesverdienstkreuz 1. Klasse und ist Ehrenbürger der Stadt Köln seit 1989.
Er ist seit 1946 in zweiter Ehe mit Gerda, geb. Feldhoff, verheiratet und hat vier Kinder.
Katarina (geb. 1947), Peter (geb. 1949), Susanne (geb. 1953) und Mariele (geb. 1955). Sein Sohn Peter, der ebenfalls Schauspieler ist, übernahm die Leitung des Theaters.
Er und seine Frau wohnen in Köln-Lövenich in einer Villa, die seit 1913 im Besitz der Familie ist.

WILLY MILLOWITSCH

Der Tisch ist gedeckt wie in einem Nobelhotel.
»Sie müssen unbedingt von der Sachertorte probieren«, sagt Frau Gerda und schiebt mir mit dem silbernen Tortenheber das größte Stück der schwarzbraunen Köstlichkeit auf den Teller.
»Ich will auch eins, Mutti«, brummt der weißhaarige Koloß. »Mmm, sehr gut.«
Den Kopf gesenkt und ohne aufzublicken, verspeist er das Stück mit hörbarem Vergnügen.
»Meine Mutter war Wienerin, aber die beste Sachertorte kommt nicht aus Wien, sondern aus Salzburg.«
Als Frau Millowitsch für einen Moment den Raum verläßt, langt er blitzschnell noch mal zu. Verschämt wie ein kleiner Junge.
Sie kommt zurück mit einer Dissertation, die 1982 erschienen war.
»Die Geschichte des Millowitschtheaters. Geschrieben von einem Kölner Studenten der Theaterwissenschaft. Sehr sorgfältig recherchiert. Leider sind ja die meisten Dokumente im Krieg zerstört worden.«
Stolz zeigt sie das Buch vor.
»Schon komisch«, sagt Willy Millowitsch genüßlich mit vollem Mund, »die beste Sachertorte kommt aus Salzburg.«
»Wissen Sie, mein Mann hat sie heute auf der Anuga-

Messe geschenkt bekommen. Wollen Sie noch ein Stückchen.«

Frau Gerda, sehr klein, zierlich, perfekte Dauerwelle, trägt einen dezent eleganten Hosenanzug, spricht ein gewähltes Hochdeutsch ohne kölschen Akzent.

»Sie haben Soziologie und Ethnologie studiert, aber Ihre Doktorarbeit nicht abgeschlossen. Warum nicht?« frage ich sie.

»Ich habe über die Naturreligion der Pygmäen geschrieben, aber als ich meinen Mann kennenlernte, hab' ich das Studium abgebrochen.«

»Ich hab' meine Frau da rausgeholt«, murmelt Millowitsch.

Als ich ihn erschrocken ansehe, meint er ein wenig zu laut: »Sie mußte ja in acht Jahren vier Kinder großziehen. Da hat sie keine Zeit mehr für was anderes gehabt.«

»Ich hatte mir vorgestellt«, sagt sie, während sie Tee nachgießt, »eine Karriere zu machen als Journalistin oder in der Politik. Aber ich frage mich: Wie sieht eine Frau dann aus, die wie ich auf die Siebzig zugeht und promoviert hat? Erfolgreich und einsam, oder?«

»Bei mir ist sie nicht einsam, da ist sie mittendrin. Nicht Mutti?«

»Obwohl Sie kaum außer Haus gehen und Ihr Mann äußerst ungern reist und am liebsten in seinen vier Wänden bleibt, wenn er nicht gerade Theater spielt?«

»Doch«, sagt sie, »ich reise gern. Mexiko, Ägypten, China. Richtige Studienreisen, aber allein. Ich kann ja nicht hier sitzen und Händchen halten.«

»Händchen halten«, brummt er, ohne eine Miene zu verziehen, »wär' schon schöner.«

Wir erheben uns vom Kaffeetisch, setzen uns in die gemütliche Sofaecke, und Willy Millowitsch, trotz Hüftoperation erstaunlich beweglich, beginnt sofort davon zu erzählen, wie er von alt und jung geliebt wird, daß er niemals einen Ausweis bei sich tragen muß, weil alle ihn kennen, nicht nur in Deutschland.

»Nein, nein, das ist nicht unangenehm. Das gehört dazu. Muß sein. Ich brauche die Liebe meines Publikums.«

Ich höre ihm zu, betrachte ihn, wie er dasitzt als Denkmal seiner selbst und hinaus in den Garten blickt. Als er eine Pause macht, frage ich: »Wie gehen Sie mit Ihren Ängsten um?«

Jetzt sieht er mich zum erstenmal an, seitdem ich hier bin. Er flüstert: »Ich hab' viel Angst.«

Er wendet sich wieder ab, guckt nach draußen und wiederholt:

»Ich hab' viel Angst. Hab' auch viel Angst mitgemacht. Meine Eltern hatten zwar dieses Haus hier seit 1913, aber wir haben wochenlang nicht gewußt, wo wir das Essen hernehmen sollten. Wir hatten kein Geld. Überhaupt kein Geld. An das Haus konnte der Gerichtsvollzieher nicht dran, das gehörte meiner Mutter. Meine Eltern hatten Gütertrennung.«

»Wann war das?«

»Ende der zwanziger Jahre bis 1932. Mein Vater hat alles kaputtgemacht. Er hat mit den Schauspielern Verträge für ein ganzes Jahr gemacht, und nach vier Monaten war er pleite.«

»Sie hatten Existenzängste?«

»Nein, damals nicht. Dazu war ich zu jung. Damals.«

»Heute sind Sie ein reicher, berühmter Mann und brauchen keine Angst mehr zu haben.«

»Nein, heute hängt die Angst viel tiefer in mir drin. Viel tiefer.«
»Aber was fürchten Sie?«
»Mit einem Theater können Sie viel, viel Geld verlieren, und die Zeiten werden schlechter.«
»Sie haben dieses schöne Haus, sind vermögend.«
»Das genügt mir aber nicht«, sagt er scharf und trommelt laut mit seinen Fingern auf die Sessellehne.
Frau Millowitsch, die flink wie eine Katze durch den großen Raum huscht, setzt sich wieder zu uns:
»Diese wahnsinnigen Existenzängste haben meinen Mann sehr stark geprägt.«
Der alte Mann berichtet von schlaflosen Nächten, in denen er sich grübelnd im Bett wälzt und keine Ruhe findet.
»Wir sind steinreich, ja, aber nicht reich genug, um alles ins Geschäft zu schmeißen. Das seh' ich auch nicht ein. Dafür hab' ich nicht jahrzehntelang gearbeitet. Das tu' ich auch nicht. Nein!«
»Entschuldigen Sie«, sage ich, »aber Sie sind jetzt fünfundachtzig. Was wollen Sie denn mit Ihrem vielen Geld um Gottes willen machen?«
»Das werd' ich mit meiner Frau verjücken.«
Sie verdreht die Augen und breitet die Arme aus:
»Da brech' ich aber in glockenhelles Lachen aus! Wir reisen ja nicht mal.«
Er guckt, als wäre er wirklich tief traurig, und verfällt wieder in tonloses Flüstern:
»Wo soll ich denn hin? Wohin denn?«
»Wenn du mal einen neuen Anzug brauchst, muß ich dich zwingen, was Neues zu kaufen. Dabei haben wir wirklich genug. Uns geht's doch gut.«

»Das langt mir aber nicht!« faucht er mit einemmal seine Frau lautstark an.
»Da hast du wirklich ein Trauma«, wehrt sie ab und wendet sich an mich:
»Es täte mir leid, wenn Sie jetzt so einen negativen Eindruck hätten vom alten Millowitsch. In Wirklichkeit ist er das gar nicht.«
»Warte nur ab, wenn ich bei Gottschalk in der Sendung bin.«
»Um Gottes willen, hoffentlich bist du dann nicht so furchtbar negativ.«
»Nein«, er stößt es verbissen heraus, »absolut positiv. Nur positiv.«
»Na, dann ist's ja gut«, sagt sie.
Wir schweigen eine Weile. Frau Millowitsch steht auf, weil das Telefon nebenan klingelt. Ich will den Grund seiner Ängste erfahren und frage also nach seinem Sohn Peter, dem er nach seinen Operationen die Leitung des Theaters übertragen mußte.
»Jetzt spielt mein Sohn, und das Theater ist nicht ausverkauft. Und das sogar am Samstag. Bei mir war es immer ausverkauft. Jeden Abend. Die ganze Woche.«
»Aber in Ihrer Jugend war es doch so ähnlich. Wenn Sie in den dreißiger Jahren anstelle Ihres Vaters gespielt haben, sind die Leute rausgegangen. Sie wollten den alten Millowitsch sehen, nicht den jungen.«
»Ja, das ist wahr. Das hat mir schon weh getan.«
»Aber Ihren Sohn schmerzt es sicher heute genauso.«
»Das glaub' ich schon, aber er redet nicht drüber.«
»Fühlt er sich von Ihnen geliebt?«
»Von mir?« fragt er erstaunt und stößt dann scharf heraus: »Nein! Das weiß er auch ganz genau. Ich liebe ihn

nicht. Er hat in all den Jahren viel zuviel den Arroganten gespielt. Aber das ist mir jetzt auch egal.«
»Glauben Sie, daß Ihr Sohn Sie liebt?«
Die Frage macht ihn zunächst sprachlos, offenbar hat er niemals darüber nachgedacht. Er schweigt sehr lange, brummt dann:
»Er muß ja doch einsehen, daß er das, was er hat, was er besitzt und was er kann, doch nur von mir hat. Und alles, was das Theater anbetrifft, ist ja nicht sein Werk. Es ist ja alles mein Werk.«
Er sieht mich an, als erwarte er meine Zustimmung.
»Und lieben? Was nennen Sie lieben? Er weiß, daß ich der Grundkern bin. Wir sprechen wenig miteinander, wenig.«
Er schweigt wieder und hustet schwer.
»Vielleicht steig' ich heute oder morgen aus. Vielleicht.«
»Im Ernst?«
»Einfach Schluß, aus. Ich geh' nicht mehr auf die Bühne, nicht mehr auf meine Bühne. Ich hab' so viele Angebote für Filme.«
»So wenig mögen Sie Ihren Sohn, daß Sie nicht einmal mehr in Ihr eigenes Theater gehen wollen?«
»Nicht mögen kann man gar nicht sagen. Ich bin traurig.«
Frau Gerda kommt zurück: »Sicher, die Leute wollen Willy sehen und nicht Peter. Aber sie werden umdenken müssen. Irgendwann.«
»Er kann dabei pleite gehen«, sagt er.
»Das wollen wir doch nicht hoffen«, wendet sie milde ein.
»Doch, es besteht die Gefahr.«
»Aber nein, Papi.«
»Ach, Mutter, sag doch nicht nein. Ich hab' das vierzig

Jahre mitgemacht. Du hast doch eben erst ins Theaterleben reingerochen.«
Das sagt er zu der Frau, die 1946 in den Familienbetrieb der Millowitschs eingeheiratet und jahrzehntelang die Geschäfte ihres Mannes und des Theaters geführt hat, so daß er, wie er selbst sagt, sich um nichts kümmern mußte.
Heute fürchtet der alte Komiker das Ende seines Theaters, weil »alles längst abgespielt ist, die neuen Stücke fehlen und wir keine neuen Autoren finden«. Seine großen Erfolge waren die Rollen, in denen schon Großvater und Vater auf der Bühne gestanden hatten. Es war eigentlich immer dasselbe. Von Kindheit an spielte Willy in denselben Stücken, zuerst die Kinderrollen, dann die jugendlichen Liebhaber, schließlich die weißhaarigen Familienväter. Er trug die alten Kostüme, Perücken und roten Nasen seiner Vorfahren. Ich betrachte den Fünfundachtzigjährigen in seiner altmodischen, blauen Strickweste, denke, wie beklemmend es sein muß, ein Leben aufgezwungen zu bekommen, das von vornherein festgelegt ist, das sich immer im selben Haus, fast immer auf derselben Bühne abspielte. Satz für Satz, Bild für Bild, Dialog für Dialog.
»Das Schicksal hat mich in diese Fahrbahn hineingesetzt. Ich *mußte*, weil ich ja nix gelernt hatte, nicht mal meinen Beruf. Auf einer Schauspielschule bin ich nie gewesen. Mein Leben ist nix als Theater, Theater. Als Junge durfte ich nicht eislaufen, nicht spielen, wie ich wollte. Ich durfte gar nix. Ich hätt' mich ja verletzen können und wär' dann abends als Schauspieler ausgefallen. Und nach dem Krieg, als mein Vater tot war, mußte ich mit Karacho in seine Rollen rein. Ich mußte und hab's auch getan.«

»Er hat den Vater übernommen«, sagt Frau Gerda, »aber ein Vorbild war er nicht, nein, er hat ihn einfach übernommen.«
»Ich fühl' mich wie ein großes Kind.«
Er öffnet den Mund, als würde er lachen. Aber es ist kein Lachen, das ein wirkliches, fröhliches Lachen ist. Die Augen bleiben ernst und immer ein wenig traurig. Diese offenbar eingeübte Mundmimik habe ich unendlich oft auf Fotos von ihm gesehen. Auf Kinderfotos bereits. Und es ist dasselbe geblieben, er zeigt seine Zähne.
»Waren Sie ein Kind, das geliebt wurde, Herr Millowitsch?«
Er guckt mich verständnislos an:
»In welcher Beziehung meinen Sie das?«
»Ob deine Eltern dich geliebt haben«, dolmetscht seine Frau.
»Ja, ja, Vater war stolz auf mich. Aber von meiner Mutter hab' ich viel Wiener Herz.«
Frau Gerda verschwindet für einen Moment, um aus der Diele ein paar Familienfotos zu holen, mit denen ganze Wände dekoriert sind.
So kann ich auf die Frauen in seinem Leben zu sprechen kommen.
»War es damals in Ihrem Vaterhaus möglich, Mädchen hierher einzuladen?«
»Was einladen?«
»Eine Freundin.«
»Nein, nein. Hab' ich nicht gehabt. Gab's nicht. Nee, gar nicht.«
»Auf diese Idee sind Sie nicht gekommen?«
»Nee, brauchte ich nicht.«
»Und später im Krieg?«

»Da war ich mit den Kollegen jeden Tag woanders. Da gab's gar nix. Nur Theater.«
Er erzählt von seinem Vater, der Peter hieß und den er »rechthaberisch und als strengen Lehrmeister, der mich hart zusammenstauchte«, in Erinnerung hat.
»Zu Hause gab's mal Krach, ich erinnere mich genau, es war hier, in diesem Zimmer, da hat mein Vater den Teller genommen und an die Decke geknallt mit der ganzen Suppe drin. Nein, nein, Widerspruch hatte er gar nicht gern, aber richtig geschlagen hat er mich nie.«
In der Notzeit der Wirtschaftskrise Ende der zwanziger, Anfang der dreißiger Jahre sind solche Szenen sicher oft vorgekommen. Erst nach der Machtübernahme nach 1933 besserte sich die finanzielle Situation des Theaters, zumal es nun subventioniert wurde. Und zwar von der »Nationalsozialistischen Volkswohlfahrt«, die der NSDAP angeschlossen war. Diese Organisation, zuständig für soziale Einrichtungen, Kindergärten und alles, was der »Volksgesundheit« zu dienen hatte, unterstützte die Arbeit der Millowitschs und ihrer Schauspieler erheblich.
»Als dann die Nazis da waren, konnten wir noch mehr Theater spielen, besser Theater spielen.«
Es waren die alten Militärschwänke aus dem Ersten Weltkrieg wie »Der Etappenhas«, das »echte Volks- und Soldatenstück«, die den neuen Machthabern so gut in ihren braunen Kram paßten. Es spielt im Ersten Weltkrieg in der Etappe und ist eher eine Verharmlosungsklamotte, von der selbst Millowitsch mir sagt, es habe »mit der Wirklichkeit überhaupt nichts zu tun«. Mancher Satz im Text, der ein bißchen als aufmüpfig hätte mißverstanden werden können, mußte zwar während des Dritten Reiches gestrichen werden, aber es ging wirtschaftlich mächtig bergauf.

»Haben Sie jemals Schwierigkeiten mit der Partei und den Bonzen gehabt?«

»Nein, warum?« fragt er fast entrüstet zurück. »Wenn der Willy kam, war alles in Ordnung. Wenn wir immer schön ›Heil Hitler‹ sagten, gab's keine Probleme.«

»Sind Sie denn niemals aufgefordert worden, in die NSDAP einzutreten?«

»Spielen Sie mal schön Theater, haben die zu mir gesagt. Die Leute wollen lachen, lachen. Ich muß ehrlich sagen, mit den Nazis hatten wir gar keine Probleme. Was wir machten, war ja im Sinne des KdF.«

Er zwinkert mir mit den Augen zu:

»Capito?«

KdF, das Kürzel für »NS-Gemeinschaft Kraft durch Freude«, die nationalsozialistische »Freizeitbewegung«, schickte Willy und sein Theater an die Front und finanzierte ihn auch. Mit einem großen Lastwagen, vollgeladen mit Kulissen und Kostümen, reiste Willy mit seinem Wehrmachtstheater und zehn Schauspielern an die Westfront.

»Das war nicht unübel«, sagt Millowitsch, »denn deshalb wurde ich nicht als Soldat eingezogen. Wir spielten also die ganzen fünf Jahre Theater. Überall am Westwall, in Holland, Belgien, Frankreich.«

Soldaten und zwangsverpflichtete Arbeiter, die Straßen und Bunker für den Endsieg bauten, wurden von der kölschen Wanderbühne bei Laune gehalten.

»Und was haben Sie gespielt?«

»Na, genau das«, antwortet er gereizt, »was ich jetzt auch spiele: ›Etappenhas‹, ›Drei kölsche Jung‹, ›Zwangseinquartierung‹. Alles wie heute. Es hat sich nichts geändert. Die Leute haben damals über dasselbe gelacht wie heute. Und deshalb hab' ich nach dem Krieg auch gesagt: Wenn die Soldaten im Krieg gelacht haben, dann muß das auch im Fernsehen kommen.«

Willy Millowitsch berichtet völlig ungeniert aus der NS-Zeit, wahrscheinlich auch, weil er nicht bemerkte, wie er als Lachkanone mißbraucht wurde. Auch nicht als 1941 das »Oberkommando der Wehrmacht« in Berlin seine Einsätze unter dem offiziellen Titel »Wehrbetreuung« koordinierte.

»Wurde denn innerhalb der Familie, also hier in Ihrem Haus, mal kritisch über das Dritte Reich geredet?« will ich wissen.

»Überhaupt nicht.«

»Kein kritisches Wort, nicht einmal zu Hause?«

»Nein, nie! Politik hat mich nicht interessiert. Überhaupt nicht. Laß die da oben doch fummeln, die machen's doch. War immer mein Standpunkt, auch heute noch. Die Hannelore Kohl kenn' ich persönlich sehr gut, die kommt schon mal her. Aber die Politik, für die interessier' ich mich nicht.«

Die letzten Kriegstage verbrachte die Familie Millowitsch im Betonbunker, der sich unter der Terrasse ihres Hauses befand und immer noch befindet. Den hatte die NSDAP gebaut. So hatte Willy im Frühjahr 1945 genügend Zeit, im Hühnerstall Schnaps zu brennen, und als die amerikanischen Soldaten in die besiegte und fast völlig zerbombte Stadt Köln einmarschierten, konnte er sie mit sechzig Flaschen hochprozentigem Obstschnaps aufs herzlichste begrüßen.

So durfte also alles beim alten bleiben, und außer der Tatsache, daß das Theater in der Aachener Straße im Zentrum Kölns ein bißchen zerstört war, konnte der Be-

trieb weiterlaufen. Eine Stunde Null gab es hier nicht. Aber wo gab es die denn sonst?
Es ging also wieder bergauf.
Frau Millowitsch öffnet eine Flasche Champagner. Wir stoßen auf die Gesundheit des Hausherrn an.
»Als mein Vater so alt war wie Sie«, beginne ich das Gespräch wieder, »hat er immerfort vom Tod geredet. Sie überhaupt nicht. Haben Sie niemals den Wunsch nach einem Ende?«
»Manchmal bricht alles über mir zusammen. Da kommt die Steuer. *Die* wollen Geld, und *die* wollen Geld. Dann denk' ich: Himmel, Arsch und Zwirn, hab' ich das nötig? Und dann hab' ich den Gedanken, den Wunsch, Schluß zu machen. Ganz kurz.«
»Und wie?«
»Mit diesem Gift, das die Nazis genommen haben. Wie hieß das noch mal?« Er grübelt vergeblich nach dem Wort.
Da klingelt das Telefon. Er hebt ab, sofort ist seine Stimme heiter:
»Ach, du bist es, Liebchen, ja, mir geht's prima . . . ja, wunderbar.«
Frau Gerda kommt aus der Küche zurück, weil er unbedingt Heringe mit Pellkartoffeln essen wollte.
»Ich weiß nicht«, sagt sie, »ob mein Mann Angst vor dem Tod hat. Tod ist bei uns ein gemiedenes Thema.«
Sie schenkt ihm noch ein Gläschen ein.
»Merkwürdig. Mein Mann und ich fühlen uns davon weit weg. Wenn auch der Tod immer näher kommt, innerlich hat man kein Gefühl dafür. Was soll man mit ihm anfangen? Ich belaste mich damit nicht.«
Nach einer nachdenklichen Pause:

»Wir verdrängen ihn. So ist das.«
Draußen ist es schon dunkel geworden, aber die automatische Beleuchtung im Garten hat sich eingeschaltet und strahlt die Bäume an. Wirklich eine schöne Kulisse.

GÜNTER SCHABOWSKI

Journalist, ehemals Mitglied des SED-Politbüros

Geboren am 4. Januar 1929 als Sohn eines Arbeiters in Anklam, Mecklenburg. 1952 Eintritt in die SED.
Studierte Journalistik an der Universität Leipzig, wurde dann Redakteur der »Freien Gewerkschaft«, trat der Redaktion des FDGB-Zentralorgans »Tribüne« bei. Ab 1953 dessen Chefredakteur. Besuchte 1967–1968 die Parteihochschule der KPdSU in Moskau. Nach seiner Rückkehr zunächst Stellvertr. Chefredakteur des SED-Zentralorgans »Neues Deutschland«, seit 1978 Chefredakteur.
Seit 1981 Mitglied des ZK (Zentralkomitee der SED), ab 1984 Vollmitglied.
Die Parteiführung kam seit der immer stärker anschwellenden Fluchtwelle 1989 und durch die politische Wende in Polen und Ungarn, schließlich durch die Öffnung der ungarischen Grenze in Zugzwang. Kurz nach der aufwendigen Feier zum 40. Jahrestag der DDR wurde am 18. 10. 1989 Erich Honecker abgelöst. Neben Egon Krenz wurde auch Schabowski als möglicher Nachfolger genannt.
Als einziges Mitglied des ZK stellte er sich auf den Straßen Berlins den protestierenden Massen. Er sprach auf der Großkundgebung auf dem Alexanderplatz am 4. 11. 1989.
Am 9. 11. gab er auf einer Pressekonferenz die Öffnung der Mauer bekannt, offensichtlich um einige Stunden zu früh.
1990 wurde er aus der von Gregor Gysi geleiteten SED-Nachfolgepartei, der PDS, ausgeschlossen.
Er arbeitet seitdem als Redakteur bei einem Anzeigenblatt in Bebra bei Hersfeld.
Schrieb 1991 seine Erinnerungen »Der Absturz«.
Er ist verheiratet mit der Russin Irina S. und hat zwei Söhne, Jan und Alexander, die in Berlin leben.

Wer ist das eigentlich, Günter Schabowski? Leute im Westen kennen seinen Namen kaum, und doch, er war einer der mächtigsten Männer in der alten DDR.
Jeden Mittwoch saß er im abhörsicheren Konferenzsaal des Politbüros zusammen mit Honecker, Mielke und den anderen machthabenden Greisen, und das zehn Jahre lang. Zuständig für das Ressort »Information und Medien«, das unter seinem Vorgänger noch »Agitation und Propaganda« geheißen hatte, war er Honeckers Günstling. Ihn hatte er noch kurz vor dem Absturz in einer flammenden Rede gegen die Perestroika des großen Bruders im Osten unterstützt. Sein Foto druckte er, als er Chefredakteur des Zentralorgans »Neues Deutschland« wurde, in einer einzigen Ausgabe des Blattes tatsächlich dreiundvierzigmal. Ihn ließ er bis ganz zum Schluß täglich auf der Titelseite abbilden, Tag für Tag, wie zu Zeiten des Personenkultes unter Stalin. Als der Stuhl des Staatsratsvorsitzenden und das kaputte Staatsgebäude 1989 heftig zu wackeln begannen, woran er wohl mitgearbeitet hatte, sahen Zeitungen im Westen ihn schon als Nachfolger des fast achtzigjährigen Herrschers. Er war bereits ganz, ganz oben. Aber alles kam, wie man weiß, total anders. Ist auch er ein anderer geworden?
Um Schabowski heute zu finden, muß man dorthin fah-

ren, wo einmal das Zonenrandgebiet war, in die Kleinstadt Bebra. Hier arbeitet er als Redakteur einer Annoncenzeitschrift, die wöchentlich siebzigtausendmal gratis in den Hausfluren liegt.

Die Türen der kleinen Redaktion stehen offen, und ich sehe den massigen Schabowski mit gebeugtem Rücken vor dem Monitor eines Computers. Völlig versunken in seine Arbeit, bemerkt er mich zunächst nicht. Erst als eine Mitarbeiterin mich begrüßt, dreht er sich um, setzt seine Halbbrille ab, erhebt sich in seiner vollen Größe, aber so, als wolle er sich für seine Einsvierundachtzig quasi entschuldigen. Ich schlage vor, daß wir uns in einem Café unterhalten.

»Was, Sie haben nur so einen dünnen Mantel bei dieser Kälte an«, sagt er, »das tut mir leid. Wir müssen leider ein paar Schritte laufen.«

Draußen auf der Hauptstraße, vorbei an altdeutscher Fachwerkidylle, warnt er mich vor den Autos, geht selbst auf der Seite des Fußgängerweges, die der Fahrbahn am nächsten ist, kann nicht aufhören, mich wegen der Kälte und des dünnen Mantels zu bedauern.

Im Café beginnt er, kaum haben wir uns gesetzt, die »historischen Zusammenhänge vom Untergang der DDR« zu erklären, »damit Sie das alles besser verstehen können«.

Er doziert, läßt sich nicht unterbrechen und faßt mir, versuche ich es doch mal, energisch, sanft auf den Unterarm: »Lassen Sie mich das noch sagen.«

»Ich bin interessiert an Ihrer Person«, sage ich, »möchte wissen, wer Sie eigentlich sind.«

Er lacht, geht auf meine Fragen überhaupt nicht ein, berichtet vielmehr ausführlichst, daß Gorbatschow eigentlich ein Mann des KGB war, weil man ihn dort für den geeigneten Mann hielt, die morsche Sowjetunion doch noch irgendwie zu retten, und daß Spionagechef Mischa Wolf für dieselbe Mission in der DDR ausgeguckt war. Geschichtsunterricht von einem Insider. Weltpolitik im Kleinstadt-Café.

»Als Sie noch einer der roten Bonzen waren, wurden Sie von zwei Bodyguards rund um die Uhr bewacht, saßen mit Honecker an einem Tisch, wohnten in Wandlitz. Wie leben Sie jetzt?«

»Ich hab' hier ein möbliertes Zimmer. Die Vermieter sind sehr nett zu mir, und dafür bin ich auch sehr dankbar. Aber ich bin ja auch kein schlechter Mieter, meine Bude ist prima in Schuß. Ich bin von meiner Mutter sehr zur Sauberkeit erzogen worden. Ja, eng ist das schon, aber ich bin eigentlich nur für ein, zwei Stunden abends da, wenn ich um zehn abends aus der Redaktion komme und noch lese oder Fernsehen gucke, bevor ich ins Bett gehe. Meine Wäsche wasche ich selber, manchmal vergesse ich, abends noch schnell im Supermarkt fürs Wochenende einzukaufen. Na ja.«

Seit fast zwei Jahren haust und arbeitet er hier, »und glauben Sie mir, ich schufte wie ein Kümmeltürke«, während seine Frau und seine beiden Söhne in Berlin wohnen. Frau Irina, Journalistin und ehemals Moderatorin beim Fernsehen in Adlershof, ist arbeitslos.

»Sie leidet sehr. Für ein Vierteljahr hatte sie eine ABM-Stelle, aber jetzt macht sie nichts, und das ist das Furchtbare. Aber durch diese Art Sippenhaft ist nichts anderes möglich.«

Nur drei- oder höchstens viermal im Jahr steigt er in seinen Honda und besucht sie und seine beiden Söhne

Jan und Alexander in der bescheidenen Wohnung dort, wo einst die Mauer die Stadt zerschnitt.
»Warum so selten?«
»Ich habe einfach keine Zeit. Diesen Vormittag, an dem wir beide hier reden, um den wieder rauszuholen, bitte nehmen Sie's nicht persönlich, muß ich dreimal in den nächsten Tagen bis zwölf Uhr nachts hier am Computer sitzen.«
Ich frage etwas zweifelnd:
»Halten Sie sich an dieser Arbeit hier fest, um mit Ihrem tiefen Sturz fertig zu werden?«
»Dieser Betrieb hier ist meine einzige Einnahmequelle. Nirgendwo würde ich eine andere Tätigkeit finden.«
»Sie sind gelernter Journalist und . . .«
»Entschuldigen Sie mal. Ich hab' ja nun wirklich alles probiert. Im Osten bin ich total untendurch. Ein Verbrecher. Außerdem würde ich in der Nostalgiewelle der DDR versaufen, weil da jeder unreflektierte Mensch sagt: Der Schabowski macht unsere DDR madig, obgleich er doch einer von den Bonzen war. Nein, nein, das ist unmöglich.«
Er kippt schnell einen Schluck vom dünnen Filterkaffee runter:
»Was kann ich denn Positives für mich anführen?«
Er guckt mich mit weiten Augen an.
»Doch nur, daß bisher kein gerichtliches Verfahren gegen mich angestrengt worden ist.«
»Auch nicht wegen Wahlfälschung?«
»Da bin ich nur als Zeuge vernommen worden.«
Er setzt die Tasse ab.
»Ich bin nicht irgendeiner, verstehen Sie, ich hatte an der Spitze gestanden. Ganz oben. Das Äußerste, was mir

diese Gesellschaft hier anbieten kann, ist, daß sie mich hier arbeiten läßt und nicht verfolgt.«
»Könnte es sein, daß Sie dieses Gefühl, gehaßt zu werden, brauchen, um noch einen gewissen Rest von Selbstachtung zu behalten?«
Ohne Zögern sagt er:
»Meine Unglaubwürdigkeit werde ich nie verlieren. Es wird immer ein Zweifel an mir hängenbleiben. Hinzu kommt, daß ich jetzt in den Augen der alten Freunde ein Verräter bin, weil ich das politische System von damals heftig kritisiere. Und für die Leute hier war ich sowieso immer ein Verbrecher. In dieser Zwickmühle bin ich gefangen.«
Er stoppt seinen Redefluß für einen Moment, meint wie zu sich selbst:
»Ich bin eine zerrissene Erscheinung. Mein Grunddilemma ist: Ich lebe in einer unerlösten Situation. Das weiß ich ganz genau. Ich bin nicht einverleibt in diese Welt hier. Es ist wie Teufel und Jesus, was Unüberbrückbares.«
Die Bedienung knallt uns zwei neue Kännchen Kaffee hin. Schabowski bedankt sich trotzdem sehr höflich.
»Wenn ich mir einen abgestürzten westlichen Minister vorstelle, der würde so eine Tätigkeit hier ablehnen. Ich aber fühle mich dem überlegen, weil ich diese Lebenskraft besitze, nämlich den Makel meines Versagens zu tragen und auf der anderen Seite diese ganz konkrete, komplizierte Arbeit zu bewältigen.«
»Was fällt Ihnen beim Wort ›Zukunft‹ ein?«
Seine hohe Stirn kräuselt sich in viele winzige Fältchen, die von zwei senkrechten, tiefen Falten durchschnitten werden. Er schweigt. Ich bemerke, daß ich ihn, ohne es

zu wollen, zum erstenmal während unseres Gespräches verletzt habe.
»Ich weiß nicht. Ein schwammiges Ding. Ich weiß nicht. Ich habe kein Zukunftsbild. Nein. Ich habe keins.«
Wir schweigen beide. Die Kellnerin hinter dem Kuchenbüfett setzt geräuschvoll die Spülmaschine in Gang und schreit durch das winzige Café irgend etwas, das wie ein Gemisch aus Hessisch und Sächsisch klingt.
»Eine Kategorie ist aus meinem Leben verschwunden, mit der ich nicht mehr umzugehen verstehe. Ich weiß, daß morgen alles zu Ende sein kann. Für viele DDR-Bürger ist das die schlimmste Erfahrung. Zukunft war Sicherheit. Wir haben doch unter dem Maßstab der Ewigkeit gelebt. Und das ist vorbei.«
Der Vierundsechzigjährige bemüht sich, keine Resignation anklingen zu lassen.
»Lebensentwürfe, Perspektive, das seh' ich nicht. Weg, vorbei. Wir müssen aus der Situation jetzt was machen. Den Augenblick beim Schopf packen, das ist alles, was ich tun kann.«
Mit Hochachtung und Zuneigung spricht er von den »Leuten, die aus proletarischem Milieu kommen, aus dem ich ja auch stamme«, von der Putzfrau, die für die Redaktion Streuselkuchen backt, den Inserenten, die in allerletzter Minute ihre Kleinanzeigen für Selbsthilfegruppen oder Diavorträge bei ihm abliefern.
»Die Leute hier machen sich ihr Leben selber. Ich sehe bei ihnen ein Stück naiver Selbstverwirklichung. Das ist uns in vierzig Jahren da drüben nicht gelungen.«
»Es klingt so, als würden Sie die sogenannten kleinen Leute hier beneiden.«
»Nein«, lacht er, »ich sehe nur, daß dieses System hier

überlebensfähig ist und unseres das nicht war. Es ist flexibler. Ich fühle mich wie jemand, der von einem anderen Stern kommt und sagt: Ach wie interessant und originell. Ich urteile nicht.«

Ohne daß ich frage, betont er immer wieder seine Mitschuld am System des Unrechts und wie ihn die Frage quält, »warum wir nur noch schwach waren, so daß die Verbrecher da oben in uns eindringen konnten wie die Heuschrecken. Wir hätten doch alle Möglichkeiten gehabt, vierzig Jahre lang.«

Viele der gefallenen roten Engel wurden Alkoholiker, tablettenabhängig, versackten in Depression und versuchten sich umzubringen. Sehr viele retteten sich in die Illusion, daß nicht sie, sondern »der Kapitalismus« sie erledigt hätte. Nicht so Schabowski.

Er lernte früh, der Diktatur zu gehorchen. Sie bot dem Arbeiterkind eine Chance, nein, sie schneiderte ihm eine märchenhafte Karriere nach Maß. Den Preis kannte er noch nicht. Mit neunzehn wird er Redakteur der »Tribüne«, des Zentralorgans der Einheitsgewerkschaft, mit zweiundzwanzig nimmt ihn die Einheitspartei SED auf, mit siebenunddreißig wird er in Moskau auf der Parteihochschule der KPdSU für höhere Ämter gedrillt, mit achtunddreißig stellvertretender Chefredakteur des Zentralorgans der Sozialistischen Einheitspartei, des »Neuen Deutschland«, nach zehn Jahren bewiesener Linientreue Chefredakteur, mit zweiundfünfzig wird er für würdig befunden, auf den Olymp des Arbeiter-und-Bauern-Staates gehoben zu werden. Er wird zunächst Kandidat, dann nach drei Jahren schließlich Vollmitglied des Politbüros.

»Ich war Mitglied in einem Orden«, sagt er.

»Haben Sie damals gespürt, daß Sie unfrei sind?«
»Nein, überhaupt nicht. Das war normal, manchmal lästig, aber es gehörte mit dazu, verstehen Sie. Für die Befähigung, ein Amt zu bekommen, war es nötig, das zu akzeptieren. Wir sollten die Unterwerfung nicht mehr als Unterwerfung empfinden. Wir sollten sie verinnerlichen.«
»Und das haben Sie getan.«
»Ja, selbstverständlich. Die Dialektik war doch, indem man sich unterwirft, handelt man aktiv.«
»Sie waren an der Spitze des Staates. Hatten Sie das Bewußtsein: Ich bin mächtig?«
Schabowski verschränkt die Arme über der Brust und grübelt.
»Na ja, ich wußte, daß ich Einfluß hatte. Ich konnte etwas bewirken. Ja, das stimmt. Aber die Genugtuung von Macht, nein, die hab' ich nicht empfunden. Ich hatte nie ein Gefühl von Unabhängigkeit, und das gehört ja wohl zur Macht.«
»Soll das heißen, Sie hatten nie das Gefühl: Ich bin ich?«
»Nein, das hatte ich nie.«
»Das haben Sie erst durch Ihren Absturz bekommen?«
»Aber sicher.«
Schabowski, damals, 1989, immer noch im Wahn, er könne die DDR irgendwie reformieren und retten, hatte als einziger der immer noch isolierten und streng bewachten Spitzenfunktionäre den Mut, die düsteren Büros der Partei zu verlassen, auf die Straße zu gehen, sich dem zornigen Volk zu stellen. Mit dem Megaphon in der Hand diskutierte er, immer wieder niedergeschrien von den Massen, »die hatten einfach die Schnauze voll. Die Leute haben uns doch vor die Tür geschissen. Ja, tatsäch-

lich vor die Haustür geschissen. Jeden Tag. Ich höre noch die Genossen jammern.«
Er imitiert wie ein gelernter Schauspieler weinerliches Berlinisch:
»Mir ham se doch schon wieder vor die Tür jeschissen. Meine Frau is janz verzweifelt, weil sie det immer wieder wegmachen muß.«
Seine Stimme wird erregt:
»Das waren doch nicht die paar Angehörigen der Opposition. Das waren doch die schlichten Leute, die aus dem Schatten getreten waren und dann wieder im Schatten verschwanden. Von denen kennen wir doch nicht mal die Namen. Keiner von denen hat heute ein Amt. Allein die haben den Umsturz bewirkt. Allein die haben uns weggefegt.«
Zum erstenmal seit Jahrzehnten war er an diesen Novembertagen unter Menschen, die keine Angst mehr vor ihm hatten. Und er besaß keine Bodyguards mehr, keine Pistole in der Tasche.
»Als ich auf die Straße ging, konnte ich etwas selbständig aussprechen. *Ich*, verstehen Sie? Damit hab' ich mich von dem Prinzip, dem ich gehorcht habe, gelöst. Und was passierte dann?«
Er blickt nach oben, breitet die Arme aus.
»Nichts. Nichts passiert. Der strafende Blitz bleibt aus. Der kommt nicht. Kein Blitz. Und ich gehe in dieses Scheiß-Politbüro zurück, das es ja immer noch gab, und das einzige, was mir da jemand sagt, ist: ›Na, du hast da so 'ne Bemerkung gemacht. Das war nicht so gut. Bist du dir darüber im klaren?‹ Das war alles. Und ich habe gesagt: ›Ja, darüber bin ich mir im klaren!‹ Und nichts passierte. Nichts. Es gab keine Autorität mehr.«

»Hatten Sie Angst?«

»Nein, wirkliche Angst bekam ich erst später, als ich kein Geld mehr hatte und nicht wußte: Wie bringe ich meine Familie über die nächsten Tage?«

»Tuchfühlung mit den Massen, die Sie früher nur von der Ehrentribüne gesehen hatten. Können Sie Ihr Empfinden beschreiben?«

»Ich weiß nur, jetzt schien mir alles möglich. Das Zerbrechen des ideologischen Schemas, das ja angeblich der Schlüssel zu allem sein sollte, gab mir die Gewißheit: Jetzt kann ich alles schaffen.«

»Die Angst, die Sie vorher immerzu hatten, ohne zu wissen, daß es Angst ist, die war weg?«

»Ja. Ich hab' mich mit den Menschen auf einem Niveau bewegt. Ich gehörte zu ihnen.«

»Was für ein Gefühl war das?«

»Es war ein berauschendes Gefühl. Auf einmal war das Korsett, der feste Panzer, nicht mehr da. Ich hab' irgendwie gespürt: Ich bin ja ein Subjekt. Vorher war ich nur scheinbar ein Subjekt gewesen. In Wirklichkeit war ich natürlich nur ein Objekt. Ich will mich jetzt nicht kleiner machen, um von meiner Schuld abzulenken, denn ich war ja ganz oben. Aber auf einmal begriff ich die Vergänglichkeit solcher Machtstrukturen. Die Vorphase von diesem endgültigen Untergang war ein kurzes Aufflakkern von dem, was da hätte sein können. Was wir nie geschafft haben.«

»Sie haben immer noch gedacht, Sie könnten den Staat retten, ich meine einen neuen Sozialismus mit menschlichem Gesicht schaffen?«

»Ja sicher.«

Schabowski war eigentlich bis zum Schluß ein gehorsamer Parteisoldat. Die Zweifel kamen erst, als schon alles zu spät war. Warum, frage ich mich, ist aus diesem Mann, der einer der wenigen Intellektuellen in diesem von senilen, ungebildeten Kleinbürgern regierten Staat war, kein Rebell geworden?

Eigentlich hätte er das Zeug dazu gehabt. Oder doch nicht?

Er wurde 1929 in Anklam geboren, einer Kleinstadt in Mecklenburg. Der Winter ist eiskalt, und es ist das Jahr des Schwarzen Freitag. Wirtschaftskrise, Armut und Absturz überall. Seine Mutter verliert ihre Arbeit in der Papierfabrik. Das Kind kommt ungelegen, bleibt ein Einzelkind. So ziehen die Eltern nach Berlin, um dort irgendeine Arbeit zu finden. Und sie lassen den Säugling zurück. Bei der Großmutter. Bei ihr wächst er auf. Er liebt sie abgöttisch. Sie ist sein ein und alles.

Doch eines Tages, er ist drei Jahre alt, kommt eine fremde Frau aus Berlin und sagt ihm: »Ich bin deine Mutter und nehme dich jetzt mit.« Er rückt aus, versteckt sich, wird gewaltsam wieder eingefangen, schreit, als solle er getötet werden, tritt um sich. Aber es hilft alles nichts. Er muß mit. Die Oma weint, aber sie kann für ihn nichts tun. Sein kleines Kinderglück ist zerrissen.

Ich frage: »Können Sie sich an das Gesicht der alten Frau erinnern?«

»Nein«, antwortet er, »ich habe sie so geliebt, aber ihr Gesicht hab' ich vollkommen verdrängt.«

In Berlin schläft das Kind im elterlichen Ehebett, wacht morgens auf, wundert sich über die Blutflecken auf dem Kopfkissen. Es sind Flecken von zerdrückten Wanzen. Die Mutter, durch Arbeit und Kind überfordert, schlägt auch schon mal zu. Wenn er heute von ihr redet, spricht

er nicht von »meiner Mutter«, sondern von »Mutter Hedwig«. Sie ist ihm das »fremde Frauenzimmer«.
So wächst er auf, wird im Kriege in die Kinderlandverschickung verfrachtet, irgendwo in die Tschechoslowakei. Erst der neue DDR-Staat und die Einheitspartei erlösen ihn von dem Übel, geben ihm das, was er nie vorher erlebt hatte: ein Gefühl von Geborgenheit.
»Wenn die Partei ein menschliches Wesen wäre«, frage ich Schabowski, »wäre sie dann ein Mann oder eine Frau?«
»Na, das herkömmliche Bild ist die Partei als eine Mutter.«
»Und für Sie persönlich?«
Er sinniert, murmelt monotone Floskeln vor sich hin, die er jahrzehntelang immer wieder hörte oder selbst aussprach und die ihm jetzt das Gefühl für die »große Mutter« wieder vermitteln sollen:
»Weiß die Partei Bescheid? Ist das mit der Partei abgeklärt? Was sagt die Partei dazu?«
Und fährt dann in seinem normalen Sprechton fort: »Partei, ja, das ist für mich eine weibliche Größe. Obgleich aller Verkehr mit Männern war. Frauen waren oben in der Führung in der Minderzahl. Bei aller Männlichkeit, die da dominiert, ist da so ein letztes Aufgehobensein in einem weiblichen Organismus. Unbewußt.«
»Die Partei, die Partei, die hat immer recht.«
»Ja, ja, eigentlich absurd. Aber die Partei hat recht, weil sie als einzige über die kollektive Klugheit verfügt.«
»Sie hat recht wie eine Mutter, selbst eine, die ihr Kind schlägt.«
»Die Partei ist wie die Göttin Kali.«
»Die hinduistische Göttin, die Blut- und Menschenopfer fordert?«

Er nickt und grinst, und ich versuche auch zu grinsen. Während das dritte Kännchen Kaffee kommt mit einem Käsebrötchen dazu, frage ich:
»Was ist Glück für Sie?«
Er zögert lange, fährt sich mit den großen, kräftigen Händen durch die Haare, so daß sie sich wie ein Helm auf seinem Kopf aufstellen.
»Glück? Da hab' ich Schwierigkeiten. Damals war es ein Glücksgefühl, die Identität mit den Leuten auf der Straße.«
»Die Sie ja heftig beschimpft haben.«
»Die Überwindung der Kluft, die vorher da war, das war das tolle Gefühl von Glück, wenn Sie so wollen.«
»War es vielleicht etwas Erotisches, ich meine das Bad damals in der Menge?«
»Nee, ich bin nicht nach Hause gefahren und habe meine Frau vergewaltigt. Weiß Gott nicht. Nee, auf die Hoden ist es mir nicht geschlagen.«
Er lacht etwas zu laut.
»Ich habe den Eindruck, Sie genießen es, wenn Sie von anderen Menschen gebraucht werden.«
Der Rhetoriker gerät in leichtes Stottern.
»Ich schrecke vor solchen Begriffen wie ›genießen‹ zurück.«
»Und warum?«
»Vielleicht ist es eine Art von Verlogenheit, deren ich mir nicht richtig bewußt bin. ›Genießen‹, das hört sich an wie«, er sucht nach einem treffenden Begriff, »wie ein selbstischer Akt.«
»Sie wissen nicht recht, was Glück sein könnte?«
»Ich hab' mich mit der Kategorie Glück nie so richtig auseinandergesetzt. Abends vor dem Schlafenge-

hen noch in Ruhe ein Buch lesen, vielleicht ist das Glück.«

Das Thema ist ihm sichtlich fremd, ja peinlich. Wieder büchst er aus, doziert über historische Hintergründe, versucht zu belegen, wie Honecker sich von den Russen langsam emanzipierte, einen eigenen Weg suchte, erzählt, daß Gorbatschow hinter verschlossenen Türen das Politbüro keineswegs zusammenstauchte, wie in der westlichen Presse zu lesen war, sondern nur vorsichtig kritisierte, Honecker äußerst ungeschickt und noch verkrampfter darauf reagierte, Gorbi mehrfach resigniert mit dem Kopf schüttelte und ein stöhnendes »Tsss« von sich gab. Und manch andere Insider-Information. Darunter ist vieles, das er sich nach der Wende offenbar aus Büchern angelesen hat.

Ich komme noch mal auf sein Schuldgefühl zurück.

»Ja«, sagt er, »ich kenne so etwas wie Selbstkritik und Selbstkasteiung.«

»Und wie weit geht die?«

»Das ist vielleicht ein Stück Eigenliebe, weil ich eine Reinigung brauche, um wirklich derjenige zu werden, der ich sein will. Ein Purgatorium.«

»Purgatorium, also Fegefeuer. Das sagt der Atheist Schabowski?«

»Ich sage Purgatorium, weil ich mitschuldig bin an dem, was da zugrunde gegangen ist. Ich bin gescheitert. Persönlich und politisch, das kann man nicht trennen.«

»Sie, der Sohn einer Mutter, die reinlich bis zum Exzeß war, fühlen sich schmutzig?«

»Ich habe niemanden ins Unglück gestürzt, niemanden ins Gefängnis gebracht, mich bereichert oder so. Jedenfalls nicht bewußt.«

Er beteuert mir, er habe von den Stasi-Verbrechen nichts gewußt, nicht einmal von der schleichenden Korruption innerhalb der Führungsclique.
Mein ungläubiges Erstaunen bremst er sofort ab und bekennt:
»Wenn ich noch ein paar Jahre in dem Ding, also dem System, gewesen wäre, dann hätte man mir auch solche Sachen angetragen. Und ich weiß nicht, wie ich dann entschieden hätte.«
Was aus der Mutter geworden ist, möchte ich wissen. Sie starb 1990 in einem Altenheim. Sie wurde fünfundachtzig. Man hat sie tot auf der Toilette gefunden.
»Ich hab' ihr gegenüber ein Gefühl von Schuld«, sagt Schabowski, »ich hab' sie im Stich gelassen. Aber ich war ja selbst in der Situation eines Outcast. Ihr Leben ist wirklich zerstört worden, nicht nur durch meinen Absturz. Sie konnte es nicht verkraften, daß ich plötzlich als ein Verbrecher dastand, und sie wurde ja auch von den anderen Alten im Heim immerzu angemacht als Mutter von diesem Schabowski. »Hör doch endlich mal auf mit diesem Gequatsche, ich kann's nicht mehr hören«, hat sie sich wehren müssen.
Er seufzt. Vielleicht täusche ich mich, aber ich meine zu sehen, wie seine Augen feucht werden.
»Wie ist sie abgehauen aus diesem Jammertal. Nur mit Scheiße. Sie hat in diesem Altersheim in Friedrichshain, in diesem Proletenmilieu, gelebt. Sie hat den ganzen Tag gezittert und nichts mehr mitgekriegt.«
»Als Sie noch Macht hatten, hätten Sie ihr einen schöneren Platz verschaffen können.«
»Ich habe mir keine Sonderprivilegien verschafft.«
»Sie konnten Westwaren kaufen, wohnten in Wandlitz.«

»Das gehörte zur Grundausstattung.«
»Sie hätten was für Ihre Mutter tun können. Das wär' ein leichtes gewesen.«
»Entschuldigen Sie mal«, er wird scharf, »dafür gab's kein Gesetz, das den Mitgliedern des Politbüros gestattet hätte, für ihre Mütter gefälligst ein Gartenhaus zu beschaffen. Ich hätte mir so'n Ding untern Nagel reißen müssen. Das hab' ich nicht gemacht.«
»Ihr Gehorsam und Ihr gutes Gewissen dem System gegenüber waren Ihnen offenbar wichtiger als die Liebe zur Mutter.«
»Wenn meine Mutter imstande gewesen wäre, das zu entscheiden, hätte sie das natürlich abgelehnt. Ich habe mich auch nicht für meine Frau eingesetzt. Aus Prinzip nicht.«
»Weil Sie unangreifbar sein wollten?«
»Weil ich das für korrekt hielt. Alles andere wäre unsauber gewesen.«
»Andere haben das gemacht.«
»Aber davon hatte ich doch keine Ahnung«, sagt der Mann, der fast zwanzig Jahre die größte Zeitung leitete und zehn Jahre im höchsten Führungsstab saß.
Die Kellnerin ruft uns durch den Raum zu: »Um ein Uhr schließen wir.«
Sofort erhebt sich Schabowski, will gehen. Ich sehe auf die Uhr und sage: »Wir haben noch eine halbe Stunde Zeit. Ich hab' noch ein paar Fragen. – Wie füllen Sie das ideologische Vakuum, das nach dem Zusammenbruch der Lebenslüge in Ihnen ist?«
»Ja, ich habe dieses Vakuum. Ich könnte es füllen durch, ich will mal sagen, durch eine Nichtgröße, also durch die Kritik am DDR-System, das mir schon fast zu einem krankhaften Bedürfnis geworden ist.«

»Ich meine, wenn man sich hat scheiden lassen, haßt man eine Zeitlang den alten Partner. Aber dann muß doch irgendwann mal ein neuer her. Oder nicht?«
»Nee. Ich hab' erst mal die Nase voll oder gehe in den Puff oder onaniere, ja.«
Jetzt beugt er sich vor, bekommt wieder den dozierenden Ton.
»Alle Gesellschaftsentwürfe sind einseitig, weil die Menschen, die sich so was ausdenken, auch einseitig sind. Kein Mensch kann dieses unglaubliche Geflecht, das die Gesellschaft nun mal darstellt, in einen vorgedachten Plan fassen. Mich interessiert nur, wie die Gesellschaft garantieren kann, daß die individuelle Existenz möglich ist, ohne andere zu behindern.«
»Können Sie sich vorstellen, im Alter religiös zu werden?«
»Religiös im Sinne von Glaubensgemeinschaft oder so? Nein. Hokuspokus.«
»Ich meine als Ersatz für Ihren Glauben an das, was Sie für den Inhalt Ihres Lebens gehalten haben.«
»Was ich heute schon sehe, ist, daß alles, was so sonnenklar schien und nur kausale Grundlagen hat, daß ich das sehr bezweifle. Ich denke nicht mehr, daß alles nur materiell oder materialistisch zu erfassen ist. Ich habe begriffen, daß auch die sogenannten Hirngespinste eine Realität sind. Und letztendlich haben mich die Hirngespinste weggefegt.«
»Ist der Sozialismus, was immer das sein mag, nicht auch eine Form von Religion?«
»Klar. Als man ihn beweisen wollte in der Realität, ist er zusammengebrochen.«
Schabowski schüttet den letzten Schluck des inzwischen kalten Kaffees runter:

»Wir haben uns eingebildet, daß die Theorie die Vorwegnahme der Realität ist. Was für ein Unsinn.«
»Werden Sie Ihre alte Idee des Sozialismus gegen eine andere Weltanschauung eintauschen?«
»Der Sozialismus«, antwortet er bitter, »hat keinen Tauschwert mehr.«
Die Kellnerin kommt, kassiert ab. Ich zahle neunzehn Mark. Besorgt fragt Schabowski, ob denn wohl der Verlag, in dem mein Buch erscheinen wird, das als Spesen übernimmt.

KURT REBMANN

Generalbundesanwalt a. D.

Geboren am 30. Mai 1924 in Heilbronn. Nach dem Abitur Wehrdienst, 1942 schwer verwundet. Studierte Jura an den Universitäten Tübingen, Göttingen und Heidelberg, schloß mit »magna cum laude« zum Dr. jur. ab. Mit siebenundzwanzig wurde er Landgerichtsrat in Heilbronn, ging als wissenschaftlicher Mitarbeiter zum Bundesverfassungsgericht, wurde dann Richter am Landessozialgericht in Stuttgart, darauf Regierungsdirektor in der Landesvertretung von Baden-Württemberg in Bonn. 1959 übernahm er die Abteilung öffentliches Recht im Justizministerium seines Heimatlandes. Nach Gründung des ZDF wurde er 1962 Verwaltungsdirektor, bis ihn Kurt Georg Kiesinger zum Ministerialdirigenten beförderte. Als stellvertretender Justizminister in Stuttgart setzte er sich für ein liberales Scheidungsrecht ein (Zerrüttungs- statt Verschuldungsprinzip). Kurze Zeit war er als CDU-Kandidat für den Posten des Stuttgarter Oberbürgermeisters im Gespräch. Nach der Ermordung von Generalbundesanwalt Siegfried Buback am 7. April 1977 übernahm er dessen Amt. Kurz danach wurde mit einer Art »Stalinorgel« ein Anschlag auf die Bundesanwaltschaft verübt. In seine Amtszeit fielen die Entführung von Hanns Martin Schleyer am 18. 10. 1977 und der Bombenanschlag auf dem Münchner Oktoberfest 1981. Bezeichnete bereits 1982 den Rechtsradikalismus als »Langzeitgefahr für unseren Staat«, doch der Erfolg seines Amtes gegen die Rechtsradikalen blieb gering.
Warf dem Bundesbeauftragten für den Datenschutz vor, der Datenschutz würde die Arbeit der Verfolgungsbehörden behindern, setzte sich dagegen ein, die inhaftierten RAF-Mitglieder Book und Speitel zu begnadigen.
Seit Juni 1990 lebt R. in Stuttgart-Vaihingen im Ruhestand.
Er ist seit 1953 verheiratet mit Margret, geb. Staubitz, und hat eine Tochter, Regine und einen Sohn, der 1980 Selbstmord beging.

Die Wachmannschaften sind abgezogen, die kugelsicheren Schilderhäuser verschwunden, nur die Videokamera erinnert noch daran, daß hier einer der am schärfsten bewachten Männer Deutschlands wohnte.
Von 1977 bis 1990 der höchste Ankläger in diesem Staat, ausgezeichnet mit dem Großen Bundesverdienstkreuz mit Stern und dem Großen Bundesverdienstkreuz mit Stern und Schulterband, Verfasser vieler juristischer Schriften, Mitherausgeber des Münchner Kommentars zum BGB, ist er immer noch ein einflußreicher Jurist, der zu Rate gezogen wird – besonders von der Bundesregierung.
»Ich hab' viel am Hals und wirklich keine Zeit. Einen Tag rumhocken, ohne was zu tun, da wär' ich unglücklich.«
Gäste empfängt er im ausgebauten Keller des Einfamilienhäuschens bei Stuttgart. An den Wänden Fotos von ihm mit Franz Josef Strauß, Helmut Kohl, Kurt Waldheim. Auf der Anrichte Trockenblumen, acht Reihen bemalter Bierseidel, Skatkarten. Seine Frau sammelt alles, was jemals in Zeitungen und Magazinen über ihren Mann erschienen ist. Fünf dicke Folianten, in braunes Kunstleder gebunden, zeigt er überaus stolz vor. »Ja, natürlich habe ich alles gelesen.«
»Sie sind scharf angegriffen worden. Hat Ihnen das etwas ausgemacht?«

»Nein, nein«, sagt er mit tiefer Überzeugung. »Sehen Sie mal hier«, er findet beim Blättern einen Artikel aus dem Stern: »Die Reblaus und die Panzerweste«.
»Ein bitterböser Artikel. Ich hatte das nicht gelesen, weil ich an dem Tag in Berlin war. Als ich abends nach Hause kam, hat mich der Hans-Jochen Vogel angerufen, der war damals Justizminister und hat mich für das Amt als Generalbundesanwalt vorgeschlagen, und hat gesagt: ›Es ist ein schlimmer Artikel über Sie erschienen und ein nicht vorteilhaftes Bild. Wenn Sie das aber nur eine Minute Ihres Schlafes beraubt, sind Sie nicht der richtige Mann.‹«
Den Vogel mag er überhaupt, diesen »sachlichen Mann, mit dem man als Einserjurist diskutieren kann, weil der auch ein Einserjurist ist«.
Wir sprechen über die RAF, und der ehemalige, gefürchtete Chefankläger, der es sich bei Rotwein am rustikalen Tisch inzwischen gemütlich gemacht hat, bekennt: »Ich muß sagen, die geschliffene Kriminalität dieser Leute hab' ich bewundert. Da denkt man darüber nach, warum die RAF-Leute trotzdem Fingerabdrücke setzen. Warum macht die Silke Meier-Witt, als sie damals diesen perfekten Flächenschußapparat montiert hat, den Fehler, daß sie auf einem Klebestreifen einen Fingerabdruck hinterläßt?«
»Sie haben die RAF-Terroristen also bewundert?«
»Ich hab' nicht gesagt: Spitze. Ich hab' nicht gesagt: Bravo!«
Rebmann klatscht in die Hände.
»Ich hab' gesagt, das sind die Deutschen, die sind super, diese geschliffene Kriminalität ist in Europa einmalig.«
Rebmann sagt das mit innerer Begeisterung so wie je-

mand, der endlich etwas aussprechen darf, das ihn schon immer bewegt hat.
Man hat Rebmann, der mit dreiundfünfzig Nachfolger des ermordeten Siegfried Buback wurde, gnadenlose Kälte unterstellt, deshalb frage ich: »Kennen Sie so etwas wie Mitgefühl mit einem Angeklagten?«
»Als Strafrichter hat man schon mal Mitgefühl mit einem Angeklagten. 1951 hatte ich mal einen Fall, da hatte im Krieg so'n SS-Mann den Auftrag, so irgendwelche Inhaftierten mit einem Hund zu hetzen. Da kam dann einer zu Tode. Ich glaube, das war nur als Totschlag angeklagt. Da hat man natürlich mit dem Angeklagten schon ein gewisses Bedauern. Überhaupt hat das Problem der befohlenen Erschießungen die Richter schon in Verlegenheit gebracht. Man hat ja dann mit Beihilfe und Befehlsnotstand gearbeitet.«
Rebmann wurde bereits mit siebenundzwanzig Jahren Landgerichtsrat, kam ins Schwurgericht Heilbronn, wo er auch mit Ermordungen in Konzentrationslagern befaßt war, die er mir gegenüber als »Todesfälle« bezeichnet.
Frau Rebmann, von ihm »Mecki« genannt, bringt eine Isolierkanne mit starkem Kaffee und selbstgebackene Plätzchen, fragt, wann wir essen wollten.
Rebmann, Jahrgang 1924, ist der Sohn eines Regierungsamtmannes in Heilbronn, »der war pflichtbewußt und sehr konservativ«. Sein Großvater war Stationskommandant der Polizei im schwäbischen Öhringen. Gern zeigt er ein altes Dokument aus dem Jahr 1899. Ein Spitzelbericht, bestimmt für die Königlich-Württembergische Polizei, verfaßt von seinem Großvater, der eine Versammlung der SPD zu observieren hatte, die damals gegen das grausame Zuchthausgesetz demonstrierte.

Die Kindheit des kleinen Kurt wurde von der Figur des Vaters beherrscht:
»Sicher, ich wurde geschlagen, mit dem Stock auf den Hintern. Das war ja damals auch in der Schule üblich. Tatzen und Ohrfeigen hab' ich noch bekommen, bis ich 1942 zum Militär kam. Mein Vater mußte mal in die Schule kommen, als ich in der zweiten Oberschulklasse war. Da hatte ich nämlich vier Einträge ins Klassenbuch bekommen.«
»Warum?«
»Ich war halt unartig. Aber ich war immer der Primus in der Klasse.«
»Primus und immer noch nicht artig genug für den Lehrer und den Vater?«
»Einmal hab' ich den Stecker des Lichtbildapparates aus der Steckdose gezogen. Dafür gab's Ohrfeigen, einen Eintrag und Prügel mit dem Stock vom Vater. Ich hab' in der Schule alles geschluckt in der Hoffnung, daß nichts an die Eltern herangetragen wurde, sonst hat man zu Hause Terror gehabt.«
»Wie hat die Mutter reagiert, wenn Sie verprügelt wurden?«
»Ich wurde nicht verprügelt, ich wurde gezüchtigt. Das mußte sein aus Gründen der Erziehung. Und meine Mutter tat ja selbst mit.«
Frau Rebmann bittet uns nach oben zum Essen. Seine jüngere Schwester ist gerade zu Besuch und erzählt mir, daß der Vater gern und häufig zuschlug: »Er war streng, sehr streng sogar. Das meiste hat der Kurt abgekriegt. Und ich hab's, wenn ich die Klavierübungen mit meinen kleinen Fingern nicht so richtig hinkriegte, wie er das wollte, mit der flachen Handkante ins Genick bekom-

men. Wahrscheinlich hab' ich meine dauernden Rükkenschmerzen daher.«
Frau Rebmann lacht und reicht noch Kartoffeln nach. Die Schwester weiter: »Die Reitgerte, die Vater noch aus dem Ersten Weltkrieg hatte, lag für uns Kinder immer bereit.«
Der pensionierte Generalbundesanwalt erhebt sich, von den Erzählungen der Schwester peinlich berührt, bittet mich in den Flur, um die Landschaftsbilder, die der Vater als Amateur malte, zu bewundern. Überall hängen Fotos: die Rebmanns mit Tochter und Enkelkindern. Im Zimmer der Frau ein kleines, unscharfes Schwarzweißfoto eines jungen Mannes mit tiefen Schatten unter den Augen. Darunter das Bild eines einfachen Grabkreuzes.
Ich frage: »Ihr Sohn?«
Rebmann nickt.
Im »Stern« hatte ich gelesen, Hans-Peter Rebmann »mußte trotz Nachhilfestunden die Eliteschule, das Eberhard-Ludwig-Gymnasium, schon in der 6. Klasse verlassen, auch die Wirtschaftsoberschule schaffte er nicht. Er wurde alkoholkrank und drogensüchtig. Bewacher haben berichtet, daß sie auf Anweisung Rebmanns dem Sohn den Zugang zum elterlichen Haus verwehren mußten. Auch am Heiligen Abend 1979 kam er nicht bis zur Gartenpforte. Vor dem Weihnachtsfest 1980 setzte sich Hans-Peter, achtzehn, auf einer Parkbank unweit des Elternhauses den goldenen Schuß.«
Wieder unten im ausgebauten Keller, spreche ich ihn auf den Selbstmord des Sohnes an. Für ihn eine Erinnerung, über die er mit Fremden niemals gesprochen hat. Auch jetzt redet er nur zögerlich.
»Wissen Sie«, frage ich, »warum Ihr Sohn sich umgebracht hat?«

»Der Hans wurde mit der ständigen Bewachung, das ist mein Eindruck, nicht so richtig fertig.«
»War er drogenabhängig?«
»Nix drogenabhängig. Er kam mit dem Leben nicht mehr zurecht. Wir haben ihn dann ins Bürgerhospital getan, in die Psychiatrie, aber es hat nicht hingehauen. Es war so, daß das Amt des Generalbundesanwalts mich so stark in Anspruch nahm, daß ich mich um diesen Jungen nicht mehr kümmern konnte.«
Sohn Hans-Peter und Tochter Regine waren Zwillinge, das Mädchen kam zuerst, war also ein paar Minuten älter. Rebmann begründet umständlich, daß es immer so sei, daß bei Zwillingen der Erstgeborene viel kräftiger und überlebensfähiger sei. Die Jüngeren seien eben sehr sensibel.
»Haben Sie Ihren Sohn noch einmal gesehen?«
»Meine Frau hat ihn identifiziert.«
»Und wo waren Sie zu diesem Zeitpunkt?«
»Ich weiß nicht mehr. Ich mußte an dem Tag woandershin.«
Er sinniert lange, aber er kann sich nicht erinnern, wo und wie ihn die Todesnachricht erreichte.
Rebmann gießt Rotwein nach und sagt: »Wir wollen das nicht vertiefen.«
Wir sprechen über die Angst, die er gehabt haben muß, als er auf der Abschußliste der RAF stand, und sich nur auf die Straße traute, wenn er von schwerbewaffneten Spezialkämpfern abgeschirmt wurde. War er unterwegs, mußte er in Polizeikasernen wohnen. Dreizehn Jahre lang war er nicht eine Minute ohne militärische Begleitung, keine Minute ohne Beobachtung. Noch zwei Jahre nach seiner Pensionierung wurde die strenge Bewa-

chung aufrechterhalten. Insgesamt fünfzehn Jahre war er der Gefangene seines eigenen Systems.
»Nein«, sagt er, »Angst habe ich nie gehabt. Mir kann nichts passieren, weil die Linken ziemlich am Ende sind und die Rechten mir nichts tun. Die machen keine Attentate auf Leute wie mich.«
»Haben Sie niemals Angst in Ihrem Leben gespürt?«
»Eigentlich nie, nein.«
Dann fällt ihm doch noch etwas ein.
»Angst hatte ich 1933, als mein Vater politisch für unzuverlässig erklärt wurde und wir Sorge hatten um die wirtschaftliche Existenz der Familie.«
Was war geschehen? Rebmanns Vater, ein Hobbymusiker, der im Heilbronner Orchesterverein die erste Geige spielte, hatte Kontakte zu einigen Zigeunern, denen er schon mal eine Geige abkaufte oder den Kauf von anderen Musikinstrumenten vermittelte.
Einem hundertfünfzigprozentigen Nazi in seiner Behörde war das aufgefallen, und er hatte den alten Rebmann denunziert.
»War Ihr Vater ein Gegner der Nationalsozialisten?«
»Wissen Sie, mein Vater war kein Antinazi. Aber als wir von den KZs hörten, hat er sich doch furchtbar aufgeregt. Da gab's Dachau, und oben auf der Alb, da gab's auch so Konzentrationslager, keine so schlimmen. Da wurde niemand umgebracht.«
»Ist Ihr Vater als Regierungsamtmann am Landgericht Heilbronn entlassen worden?«
»Er hatte einen guten Freund, den Kunstmaler Busse, ein alter Kämpfer, und der hat sich für meinen Vater verbürgt und den Behörden gesagt: ›Der Rebmann ist nicht unzuverlässig.‹ Vater ist dann im Amt geblieben bis 1945.«

Ein Jahr nach dem kleinen Zwischenfall, der auf diese Weise unter der Hand bereinigt werden konnte, erwies der Vater seinen Gehorsam gegenüber dem neuen Staat und trat in die NSDAP ein.
Nach dem Ende des Krieges wurde er sofort von der Justiz übernommen und übte sein Amt als Regierungsamtmann weiter aus, nachdem er von der Entnazifizierungskammer zu einer Geldstrafe von fünfhundert Mark verurteilt worden war. Als Pensionär starb er im Alter von 84 Jahren an Magenkrebs.
»Welche Werte haben Sie vom Vater übernommen?«
»Gehorsam hatte ich zu Hause gelernt, aber auch in der Schule. Gehorsam ist was sehr Wichtiges. Bei uns, möcht' ich mal sagen, wurden Wertbegriffe wie Gehorsam, Pflicht, Leistung nie relativiert. Wir haben auch Solidarität gelernt, damals Volksgemeinschaft genannt. Eintopfessen und so. Und vor allem Kameradschaft.«
Kurt Rebmann wurde nach dem sogenannten Notabitur eingezogen (das mußte die Schule ohne Prüfung ausstellen, sobald ein junger Mann in den Krieg zog) und schwer verwundet. Ich bemerkte bereits, als wir die Treppe in den Keller hinunterstiegen, daß Rebmann hinkt, und jetzt sehe ich, daß an seiner linken Hand ein Finger fehlt.
»Ha«, sagt Rebmann beiläufig, »da ist ein Schuß durchgegangen.«
»Das muß ja furchtbar schmerzhaft gewesen sein.«
»Noch nicht mal so arg.«
»Und was geschah bei Ihrer Verwundung?«
»Ach, das war halt so'n Schuß.«
»Wo ist das passiert?«
»Das war da unten in Albanien, in Durazzo, als die Italie-

ner sich von uns abgewendet hatten und es nötig wurde, Albanien zu besetzen.«
Weil die Verwundung, von der er sagt, sie sei nur »halt so'n Schuß« gewesen, doch wohl ernst und lebensgefährlich war, wurde der Achtzehnjährige von der Front per Flugzeug nach Wien, dann zurück nach Deutschland gebracht und vom Kriegsdienst freigestellt. Er durfte jetzt sogar Jura in Tübingen studieren.
»Sind Sie von den Professoren im Sinne des Dritten Reiches ausgebildet worden?«
»Nein, überhaupt nicht. Wir konnten mit den Gesetzbüchern von 1944 auch nach 45 gleich weiterarbeiten. Auch auf der Oberschule fand eine Unterrichtung im nazistischen Sinne nicht statt. Wie wollen Sie Mathematik, wie wollen Sie Biologie, Chemie, wie wollen Sie das nazistisch lehren? Als ich nach sieben Oberschuljahren eingezogen wurde, waren wir in der Schule noch nicht bei der neuesten Geschichte. Damals war die Geschichte die griechisch-römische Geschichte.«
»Haben Sie als Student von den Nürnberger Rassegesetzen gehört?«
»Ja sicher. Aber darüber hat man nicht diskutiert.«
»Im Falle, daß Deutschland den Krieg gewonnen hätte, wären Sie unter Hitler Richter oder Staatsanwalt geworden. Hätten Sie auch dann Ihre Pflicht getan?«
»Ha, ja!« sagt Rebmann ganz überzeugt.
»Ich hätte ja nicht auswandern können. Gut, ich hätte es getan, wie das Gesetz es befahl. Aber ich wäre nicht ungerecht gewesen.«
»Sie hätten jemanden zum Tode verurteilen müssen, der im Kriege die BBC abgehört hat.«
»Das hat doch niemand gemacht«, meint Rebmann, fügt

aber unsicher hinzu: »Wurden da Leute tatsächlich verurteilt wegen BBC-Abhören?«
Was der Einserjurist nicht weiß oder vergessen hat, Propagandaminister Goebbels hat schon 1939 für das Abhören von »Feindsendern« Zuchthausstrafen angeordnet, in schweren Fällen sogar die Todesstrafe. Ab 1941 wurden die ersten Todesurteile gegen »Rundfunkverbrecher« vollstreckt, durch Enthauptung unter dem Fallbeil. Zur Abschreckung wurden die Hinrichtungen in den Tageszeitungen veröffentlicht.
»Wir sind positivistisch erzogen worden«, erklärt mir Rebmann, »für uns war Gehorsam gegen das Gesetz selbstverständlich. Zum Beispiel Todesstrafe für Plünderung nach Luftangriffen. Absolute Todesstrafe auch für ein Paar Turnschuhe, dafür hatten wir Verständnis.«
Der pensionierte Generalbundesanwalt brütet noch einen Moment über die Zeit unter Hitler und sagt dann: »So schlecht war ja nicht alles, was der Nationalsozialismus gemacht hat. Schlimm war halt der Rassismus.«
»Und was war Ihrer Ansicht nach gut?«
»Sicherheit und Ordnung. Die Ankurbelung der Wirtschaft, da wurden die Autobahnen gebaut, der Neckarkanal weitergeführt usw.«
Noch vor dem Kriege schickte Vater Rebmann seinen Sohn Kurt zum »Jungvolk«, das waren die Abteilung der Zehn- bis Vierzehnjährigen in der Hitlerjugend und die erste Erziehungsgemeinschaft der NSDAP.
»Ich war Jungvolkführer, Fähnleinführer. Da stehen Sie vor der Front von immerhin 120 bis 140 Pimpfen, und das prägt natürlich auch schon in der Jugend. Ich hab' natürlich Leistungsabzeichen gemacht, HJ-Leistungsabzeichen, HJ-Scharfschützenabzeichen.«

Er meint, das »gehörte damals einfach dazu«, und erinnert sich gern an seine »sonnige Jugend«.
In Rebmanns offizieller Biographie wird die Zeit des Nationalsozialismus nur sehr kurz gestreift, deshalb hake ich nach. Rebmann sagt aus der Rückschau:
»Ach Gott, wissen Sie, da muß ich jetzt mal so sagen: Wenn Sie annehmen würden, man hätte die ganze Judenverfolgung, die ja furchtbar ist, nicht gemacht, und wenn wir den Zweiten Weltkrieg nicht geführt hätten, dann wäre das in Deutschland gar nicht so schlecht gewesen.«
Die größte Angst der jungen Jurastudenten damals war, als die deutschen Städte schon in Trümmern lagen, ob ihnen noch irgendeine Chance nach dem verlorenen Krieg bleiben würde. Rebmann, Mitglied der »Kameradschaft Langemarck«, einer studentischen Verbindung, glaubte seinem Leibburschen, der ihm immer wieder einredete, alle organisierten Studenten würden nach dem Zusammenbruch von den Russen nach Sibirien deportiert.
Das war wirklich ihr Hauptproblem und nicht etwa, wie Deutschland danach wiederaufgebaut werden könnte.
Doch die Professoren trösteten die jungen Männer mit einer möglichen Nachkriegskarriere, die dann ja auch tatsächlich kam. Sie sagten: Macht euch keine Sorgen, Juristen wird man immer brauchen. Die alten Herren hatten sich dem Kaiserreich und der Weimarer Republik zur Verfügung gestellt und ihre akademische Laufbahn schadlos fortgesetzt, warum sollte es jetzt anders kommen?
Rebmann machte, wie von seinen Hochschullehrern

versprochen, schnell eine steile Karriere, und er erwähnt nebenbei:
»Wir waren ja keine Hauptschuldigen im politischen Sinne. Wir wurden zum größten Teil jugendamnestiert.«
»Sie wurden amnestiert? Warum?«
»Das wurde doch jeder, der über achtzehn war.«
»Entnazifiziert wurden doch lediglich Parteimitglieder.«
»Ja Gott, das wird wahrscheinlich so gewesen sein, das ist mir auch nicht recht klar, daß wir Parteimitglieder dadurch geworden waren, daß wir Jungvolkführer waren. Was weiß ich. Auf jeden Fall hab' ich eine Bescheinigung, daß ich jugendamnestiert bin.«
Frau Rebmann kommt noch einmal hinunter in den Keller, um neuen schwarzen Kaffee zu bringen. Wir reden wieder über die RAF und Rebmanns unermüdlichen Kampf gegen Terroristen und ihre Sympathisanten.
»Ich bin eigentlich«, sagt der ehemalige General, »gegen die Todesstrafe, weil sie nicht wirklich abschreckt.«
Ich erinnere ihn aber daran, daß er sich doch einmal sehr vehement für die Todesstrafe eingesetzt hatte.
Das war 1977 im Krisenstab während der Entführung von Hanns Martin Schleyer. Helmut Schmidt hatte die Teilnehmer, die sich im Bonner Kanzleramt trafen, aufgefordert, das »Undenkbare zu denken«, wie man nämlich mit den Entführern fertig werden könnte. Rebmann brachte dann auch eine »undenkbare Lösung« vor, das sogenannte Modell 6.
Darin wollte Rebmann den Bundestag auffordern, den Artikel 2 des Grundgesetzes, der die Todesstrafe verbietet, zu ändern. Rebmann schlug dem Kanzler und den anwesenden Ministern vor, die in Stammheim einsitzen-

den RAF-Häftlinge einfach zu erschießen. Durch höchstrichterlichen Spruch und ohne Rechtsmittel.
Rebmann gießt noch einmal Rotwein nach. Er mag sich wohl nicht mehr so recht erinnern und schweigt.
Schließlich sagt er:
»Ich bin eigentlich ein schlichtes Gemüt und problematisiere wenig. Man sollte gewisse Dinge hinnehmen. Mir geht Autorität über Freiheit.«
»Wie meinen Sie das?«
»Ach Gott, das heißt folgendes: Bei mir geht es darum, daß letztlich einer entscheidet und nicht lang diskutiert wird.«
»Und Sie sind selbst auch bereit, jemandem zu gehorchen?«
»Wenn er die Befugnis dazu hat, selbstverständlich!«
Während ich diesem Mann zuhöre, denke ich, er könne wohl eine hoch aufschlußreiche Autobiographie schreiben.
Ja, erzählt er, eine Zeitschrift hätte ihm hunderttausend Mark geboten, wenn er einem Reporter täglich vierzehn Tage lang alle möglichen Details aus seinem Leben und vor allem aus seinem Amt aufs Tonband sprechen würde.
»Ich hab' das natürlich abgelehnt«, betont er.
Er ist ein zuverlässiger, verschwiegener Diener des Staates, zu dem Helmut Schmidt, damals deutscher Kanzler, fordernd gesagt hatte:
»Eins erwarte ich von Ihnen, Herr Rebmann, daß Sie nie Memoiren schreiben.«
»Was«, frage ich, »wußten Sie denn zum Beispiel von Willy Brandt? Stimmt es, daß er als Kanzler überwacht wurde?«

»Die Akten von Willy Brandt lagen in meinem Panzerschrank, als ich das Amt übernahm. Und ich fand es empörend, wie sorgfältig man von seiten der eigenen Polizei den Willy Brandt überwacht hat.«

»Bei diesem Material waren auch indiskrete Fotos?«

Rebmann nickt, macht eine Pause und sagt:

»So, ich glaube, wir belassen es jetzt dabei.«

Ich sitze nun bereits drei Stunden am Tisch mit Kurt Rebmann und lausche seiner langsamen, schwäbischen Stimme und höre das laute Ticken der rustikalen Wanduhr. Eigentlich, denke ich, habe ich nun genügend Stoff, um über den ehemaligen Generalbundesanwalt zu schreiben, da kommt er von sich aus auf ein Thema, das ihn offenbar ganz besonders beschäftigt: die Homosexualität.

Nach der Affäre um den angeblich homosexuellen Vier-Sterne-General Kießling gab es eine Welle der Solidarität mit dem gedemütigten Nato-Offizier. Auch einer der Bundesrichter, also ein Untergebener Rebmanns, hat sich »geoffenbart, daß er ein Homo ist. Ich habe dann sofort seine Ermächtigung, Verschlußsachen zu bearbeiten, zurückgezogen.«

Er tat das wegen der möglichen »Erpreßbarkeit«, zudem sei Homosexualität »eine Sünde«.

»Wenn in der Zeitung stehen würde«, sagt Rebmann, »daß ein Minister ein Homo ist, dann wär' das dessen Tod. Ich würde auch sagen, so ein Mann wär' nicht am richtigen Platz.«

Auch Klaus Kinkel, damals noch Staatssekretär im Bundesjustizministerium, »fand das nicht in Ordnung«, daß ein Bundesrichter sich öffentlich zu seiner Sexualität bekennt.

Rebmann macht eine sehr lange Pause, hebt das Weinglas, indem er den kleinen Finger abspreizt und sagt: »Außerdem ist es eine Sauerei, die Homosexualität. Ich war tief betroffen, als auf einem Kanzlerfest mein alter Freund Biolek zu mir sagte: ›Darf ich Ihnen meinen Freund vorstellen.‹ Das war für mich und meine Frau ein solcher Schock, denn es war sofort erkennbar, daß das sein Homofreund ist. Das hat mich geschockt.«
Rebmann, der Verwaltungsdirektor beim ZDF war und den Sender wesentlich mit aufbaute, hatte den Juristen Biolek in das Justiziariat gebracht und ihn dann, als er ihn einmal in einem Kabarett sah, in die Abteilung Unterhaltung gebracht. So jedenfalls berichtet Rebmann.
An seiner Verurteilung von Gleichgeschlechtlichen hält er fest, weil »ein Homo in meinen Augen einen Macken hat. Wenn eine Tasse irgendwo angeschlagen ist und da fehlt was, dann hat sie einen Macken. Ich würd' schon sagen, daß die krank sind . . .«
Rebmann ist froh, daß er mit »solchen Leuten« eigentlich nichts zu tun hat, und schwärmt von seiner Frau, einer ehemaligen Justizangestellten aus Heilbronn, von der er sagt, sie habe im Lauf der vierzigjährigen Ehe »ihre Aufgaben super erfüllt«.
Ich will natürlich wissen, was das für Aufgaben sind.
»Sie hat jedes Jahr für die Weihnachtsfeier im Amt eineinhalb Zentner Brötchen gebacken. Und wenn ich aus München anrufe: ›Marit, ich komm' jetzt mit fünf Leuten, du mußt uns ein Abendessen machen‹, dann steht um sechs Uhr ein Abendessen auf dem Tisch. Und wenn Sie wollen, ein Braten. Und mir gegenüber hat sie auch als Ehefrau ihre Aufgaben erfüllt.«
Seine Stimme schwillt an:

»Meine Frau beherrscht Schreibmaschine – perfekt. Ich bin deshalb völlig autark, jetzt, wo ich pensioniert bin und kein Sekretariat mehr habe. Sie beherrscht meinen Fotokopierautomaten, sie beherrscht das Faxgerät. Da werd' ich beneidet um diese Frau.«
Da kommt Frau Rebmann auch schon in den Keller und fragt, ob ich noch etwas essen wolle, vielleicht einen Kuchen, selbstgebacken.
»Nein danke«, sage ich, »ich bin wirklich satt.«

UTA RANKE-HEINEMANN

Katholische Professorin der Theologie

Geboren am 2. Oktober 1927 in Essen als Tochter von Gustav Heinemann, der von 1969–1974 Präsident der Bundesrepublik Deutschland war, und Hilda Heinemann, geborene Ordemann, die aus einer Berner Pfarrerfamilie stammte, zu deren Vorfahren der Berner Naturforscher und Dichter Albrecht von Haller (1708–1777) gehörte.
Sie besuchte das Burg-Gymnasium in Essen, an dem sie das einzige Mädchen war. Das Abitur bestand sie mit Auszeichnung. Bis 1953 studierte sie evangelische Theologie in Oxford, Basel und Montpellier, bis sie zum Katholizismus übertrat. Sie promovierte 1969 zum Dr. theol. und konnte sich als erste Frau der Welt in katholischer Theologie habilitieren. Als erste Frau erhielt sie 1970 eine Professur in ihrem Fach.
Sie engagierte sich aktiv in der Friedenspolitik und unternahm 1972 eine Reise nach Vietnam, traf dort mit dem Ministerpräsidenten Pham Van Dong zusammen, 1981 trat sie in Moskau für Abrüstung aller Atomwaffen ein. 1987 kam es zu ersten heftigen Auseinandersetzungen mit der Kirche, als sie die jungfräuliche Geburt ein »zeitbedingtes Vorstellungsmodell« nannte.
Sie kritisierte die Sexualitätsfeindlichkeit und das Zölibat. 1987 entzog Bischof Hengsbach ihr die Lehrerlaubnis. Die Universität Essen gab ihr daraufhin eine Professur für Religionsgeschichte, die von der Kirche unabhängig ist.
Äußerte sich kritisch zur Kirchenpolitik in Büchern, die Bestseller wurden, u. a. »Widerworte« und »Eunuchen für das Himmelreich, Katholische Kirche und Sexualität«.
Seit 1954 mit dem Religionslehrer Edmund Ranke verheiratet. Sie hat zwei Söhne, Johannes (geb. 1958) und Andreas (geb. 1960).
Sie lebt mit ihrem Mann in Essen.

Sie trägt ein weißes Kleid. Ihr Mann Edmund Ranke eine dunkelbraune, dicke Strickweste. Er sieht genauso aus, wie man sich einen Mönch vorstellt, rundlich, mit einem grauen Backenbart. Seine Pfeife ist zerbrochen, er schmaucht sie trotzdem.

Beide führen mich durch das dreigeschossige Haus, das voller Bücher ist. Viele alte sind darunter. Überall Fotos: sie mit dem vietnamesischen Präsidenten, sie mit dem Papst. Selbst neben der Kloschüssel ein Foto, das sie und ihren Mann lachend zeigt. Neben dem Waschbecken gleich noch mal ein ähnliches Bild.

Wir sitzen zu dritt in der gemütlichen Küche im Dunkeln. Sie mag kein helles Licht, vielmehr schummerige Beleuchtung. Das rührt vom Vater her, der die Blitzlichter der Fotografen haßte, weil er Angst hatte vor demselben Schicksal, das seine Mutter ereilte. Sie wurde blind.

Herr Ranke macht einen Tee. Der Tisch voller Krimskrams und Geschirr. Alles sehr gemütlich. Er spricht, im Gegensatz zu ihr, langsam und präzise, beweist ein sehr ausgeprägtes Gedächtnis.

»Ich kann außer Wasser nichts kochen, aber mein Mann macht das sehr gut. Er hat auch die Kinder versorgt, als sie noch klein waren.«

Sie sagt das voll Bewunderung, spricht von ihm wie von

einem großen Bruder, der immer für das kleine Schwesterchen da ist.
»Nein, ich kann gar nicht kochen. Nur ganz einfache Sachen, aber meine Frau ist so bescheiden, daß ihr alles schmeckt, was ich so koche«, korrigiert er.
Mitten in unserem Gespräch sagt sie:
»Vati, ich will eine Wärmflasche.«
»Ja, Mutti«, sagt er und bereitet sofort heißes Wasser. Die pralle rote Flasche wird unter ihre Füße auf eine Zeitung gelegt.
»Ich hab' immer kalte Füße. Selbst im Sommer muß ich die Wärmflasche haben, sonst friere ich.«
Sie bedankt sich nicht, nimmt die liebevolle Umsorgung ihres Hausmannes ganz selbstverständlich. Offenbar ein altes, eingespieltes Ritual.
Immerfort zupft sie ihre Perücke zurecht, blickt in das Spiegelchen, das neben ihrem Platz an der Wand hängt. Seit dem Bonner Presseball 1968 trägt sie diesen wuscheligen Kopfschmuck.
»Damals, ich weiß es noch sehr genau, holte mich der Fahrer meines Vaters ab, und er erkannte mich mit dem neuen Kopf nicht mehr. Er stand vor mir, guckte an mir vorbei, und ich dachte sofort: O Gott, mein Vater ist in Lebensgefahr, wenn sein Chauffeur so schlecht sehen kann.«
Sie denkt immer gleich an den Tod. Das ist ihr eigentliches Thema. Ich will darauf zu sprechen kommen, aber sie gibt Themen und Tempo des Gespräches selbst an.
»Mein Mann findet die Perücke, die ich heute aufhabe, ganz und gar unpassend. Finden Sie das auch?«
Noch bevor ich die blonde Pracht loben kann, ent-

schwebt Frau Ranke-Heinemann nach oben in ihr Zimmer und kommt mit einer anderen, etwas rötlicheren zurück.
»Sind Sie denn unzufrieden mit Ihren Haaren?« frage ich.
»Nein, nein, überhaupt nicht. Ich las damals in der Zeitung, daß Jacqueline Kennedy eine Perücke trägt, da hab' ich das halt nachgemacht. Ich hab' 'ne ganze Menge davon. Wie viele, weiß ich nicht. Aber nicht soviel wie Schuhe, davon hab' ich Hunderte.«
Herr Ranke verläßt uns wieder, um nebenan im großen Wohnzimmer sich am Computer niederzulassen und zu schreiben. Doch die Küchentür bleibt halb offen, so daß er mithören kann.
»Ich hab' immer schon Angst vor dem Tod gehabt«, beginnt sie von neuem und zündet ein Teelicht für das Stövchen an, »schon als Dreijährige lag ich schlaflos im Bett, es war dunkel, und dann stellte ich mir vor, ich lieg' im Sarg, ewig, ewig, ewig.«
»Waren Sie denn eine schwere Geburt und sind deshalb schon so früh in Todesangst gekommen?«
Sie überlegt und verneint die Frage.
»Jedes Kind ist doch praktisch eine schwere Geburt. Mein Sohn Johannes war eine ganz, ganz schwere Geburt. Das Kind kam und kam nicht. Alles wurde bei mir aufgeschnitten, und es wuchs nicht wieder richtig zusammen. Vierzehn Wochen mußte ich im Krankenhaus bleiben. Aber Johannes denkt überhaupt nicht an den Tod.«
Ihr Vater Gustav Heinemann, der erste Innenminister im Kabinett Adenauer und von 1969 bis 1974 Bundespräsident, war genau wie die Mutter »so fürchterlich fromm,

daß für ihn das Sterben gar kein Problem war. Er war ja auch nie krank.«

Natürlich kommen wir im Erzählgalopp schnell auf ihre Kritik am Katholizismus, an der Kirche und am Christentum generell. Als kleines Mädchen wuchs sie ganz in der Frömmigkeit einer überaus strengen protestantischen Familie auf, und Gustav stammte zudem aus kalvinistischer Tradition.

Die Theologin erregt sich wie ein zorniges Kind: »Das Christentum ist eine Religion für Dreijährige. Als ich ein Kind war, hat mir das ja auch mal sehr imponiert. Aber heute? Das Glaubensbekenntnis fängt an mit dem Märchen der Jungfraumutter, dann folgt gleich die Darstellung von Gewalt, gekreuzigt, gestorben und begraben, wie es da heißt. Was steht also im Mittelpunkt? Die Jungfraumutter und der Henkergott.«

Sie gestikuliert, ihre Worte zischen wie Pfeile durch die dunkle Küche.

»Für die Christen scheint Jesus offenbar nicht so wichtig zu sein, der könnte, wenn's nach ihnen ging, glatt zu Hause bleiben und Kreuzworträtsel lösen. Nur wenn er an Fischvergiftung sterben würde, wäre er für diese Leute wieder interessant. Für die Christen ist der Tod ja so schrecklich wichtig.«

Ich will gerade nachfragen, wie ihre Angstträume der Kindheit mit ihrer christlichen Erziehung durch die Eltern wohl zusammenhängen könnten, da kommt Herr Ranke in die Küche mit einem fünfzig Seiten dicken Manuskript.

»Die Mutter meiner Frau hat ein Tagebuch über ihre Tochter geschrieben. Das ist unveröffentlicht, aber ich hab's abgetippt und Ihnen mal ausgedruckt.«

Schon beim Durchblättern fallen mir diese Eintragungen auf, die Utas Mutter über ihre kleine Tochter machte: »Gesundheitlich warst du in deinem ersten Lebensjahr nicht so auf der Höhe. Einmal mußten wir dich sogar mit vier Monaten in die Klinik bringen ... du warst ganz blaß und müde vom Schreien ... als ich dich wiedersah, warst du ganz schön wild geworden und mußtest im Wagen festgebunden werden ...«

Über die Vierjährige schrieb die Mutter:

». . . dann bekamst du eine Hirnhautentzündung. Als die Silvesterglocken läuteten, hielt ich dich im Arm, weil du immer so aufschriest ... dein Vater war in den Tagen zum Wintersport auf dem Feldberg . . . Erst allmählich gelingt es uns, auch die äußeren Folgen deiner Krankheit, das Verwöhntwerden, zu deinem Besten zu überwinden.«

1932, Uta ist fünf, heißt es:

». . . seit einiger Zeit Leibschmerzen . . . eine Darmsenkung festgestellt. Du mußt jetzt ein richtiges Korsett tragen.«

Und 1935:

»... durch häufige Infektion dünn geworden.«

Während ich blättere, erzählt Uta Ranke-Heinemann von ihrer Mutter. Und jedesmal, wenn sie deren Namen nennt, küßt sie schnell, aber liebevoll ihre eigenen Fingerspitzen.

»Meine wunderbare Mutter hat das humanistische Abitur gemacht, aber ihre wissenschaftliche Karriere der Familie geopfert. Bei Rudolf Bultmann [kritischer protestantischer Theologe, berühmt geworden durch seine Idee der Entmythologisierung des Christentums] hat sie das Staatsexamen gemacht.«

»Sie hat ihre Karriere ihrem Mann, also Ihrem Vater, geopfert?«
»Natürlich hat sie das für meinen Vater getan, aber auch für mich.«
»Sie haben ein Schuldgefühl ihr gegenüber?«
Sie zögert eine Weile, spielt am Modeschmuck, den sie um das linke Handgelenk trägt.
»Ja«, sagt sie schließlich, »ich habe ein Schuldgefühl meiner Mutter gegenüber. 1926 hat sie ihre Karriere durch die Ehe abgebrochen. Und ein Jahr später, 1927, wurde ich dann geboren. Na, dann war sowieso alles zu Ende.«
Hilda Heinemann, Tochter eines Berner Münsterpfarrers, dreiundfünfzig Jahre mit dem Berufspolitiker Heinemann verheiratet, hatte vier Kinder großgezogen. Ein Leben lang sehnte sie sich nach einer selbständigen Arbeit, einem Beruf, der ihrer Ausbildung entsprochen hätte. Der Mann und die Kinder ließen das nicht zu. Als sie mit fünfundsiebzig an der Seite ihres Mannes die deutsche First Lady wurde und Vorsitzende des Müttergenesungswerkes, sagte sie zu ihrer Tochter:
»Endlich, endlich hab' ich so was wie einen Beruf.«
»Woran ist sie gestorben?«
»Ach, völlig zerfressen von Magenkrebs.«
Eigentlich sollte ich jetzt nach dem fragen, was Hilda Heinemann in ihrem langen Leben in sich hat hineinfressen und schlucken müssen. Nach ihren unausgelebten Wünschen in einer Ehe, in der »weder über Gefühle noch Sexualität gesprochen wurde. Außerdem war der Vater ja auch nie da.«
»Hat Ihre Mutter schon mal Aggression oder Haß rausgelassen?«
»Aber nein! Wie kommen Sie darauf?«

Sie hört einen Moment auf zu reden, und mein Blick fällt auf eine Eintragung im Tagebuch vom Juni 1929. Uta ist zwei Jahre alt, und die Mutter notiert:
»Du bist ein richtiger kleiner Schlingel . . . Du warst mit einer Tasse die Treppe hinaufgegangen, plötzlich höre ich ein Klirren und sofort dein Stimmchen: ›Nein‹, das heißt, ich sollte nicht hinaufkommen. Als ich es aber doch tat, bücktest du dich über die Scherben und stecktest eine Scherbe in den Mund, um deine Mama irrezuführen. Das Ablenken verstehst du überhaupt herrlich.«
Ich erschrecke, stelle mir vor, welch tiefe Angst die kleine Uta vor der strafenden Mutter gehabt haben muß. An anderer Stelle lese ich:
»Eins kannst du gar nicht, gehorchen. Und ohne Schläge geht es leider nicht ab . . .«
Als die Mutter das schrieb, war die kleine Uta drei Jahre alt.
Ich lese Frau Ranke-Heinemann diese Stelle aus dem Tagebuch vor:
»Meine goldige Mutter. Sie hat's ja auch schwer gehabt mit mir, ich war so dickköpfig«, sagt sie wie zu sich selbst.
»Ich kann immer noch nicht am Haus der Eltern vorbeigehen. So groß ist der Schmerz. Ich hab' extra den Zahnarzt gewechselt, der seine Praxis in einer ganz anderen Richtung hat. Jetzt muß ich nicht mehr am Haus vorbei. Auch wenn ich zu ›Aldi‹ einkaufen geh', mach' ich einen Umweg.«
Sie schlägt die Hände vors Gesicht, vielleicht um Tränen zu verbergen.
»Ich habe meine Mutter so sehr geliebt, sie war ein wundervoller Gemütsmensch.«

»Sie sind von Ihren Eltern nie losgekommen. Wollten die, daß Sie ewig ein Kind bleiben?« frage ich.
»Damit hat das nichts zu tun, sie ist treu. Ja, einfach treu«, mischt Herr Ranke sich ein, der inzwischen in die Küche gekommen ist und sich am Spülbecken zu schaffen macht.
»Ja, Vati, so ist es, ich bin treu.«
Und dann, zu mir gewandt:
»Mein Mann kann so wundervoll für mich lügen.«
Sie und ich lachen, er grinst und zieht an der Pfeife.
Ich will wissen, wie die Tochter des prominenten Politikers und der Arbeitersohn Edmund Ranke sich kennengelernt haben.
Beide besuchten das humanistische Burg-Gymnasium in Essen.
»Er ist mir aufgefallen, wie toll er Griechisch aus dem Stegreif übersetzen konnte, sogar in Versen. Muß ich mich mal drum kümmern, hab' ich gedacht. Dann hab' ich recherchiert und rausgefunden, er ist furchtbar arm, lebt bei einem katholischen Pastor, weil sein Vater im Krieg geblieben war. Ha, das ist wirklich ein intelligenter Junge, hab' ich gedacht. Und dann hab' ich allen erzählt, wir hätten uns verlobt.«
»Und ich hatte keine Ahnung von meinem Glück«, brummt Herr Ranke und trocknet sich die Hände ab.
»Ach, die Jungens wollten mich doch alle heiraten. Ich hab' denen dann einfach gesagt: ›Es geht nicht, ich bin schon verlobt.‹ Aber er wollte ja Mönch werden, Dominikaner. Das ging natürlich jetzt nicht mehr, nachdem er mit mir zusammen war. Und mit dem Priesteramt war's ja nun auch aus. So hab' ich ihm alles vermasselt.«

»Und was hat er für diesen Verzicht bekommen?« frage ich.
Sie stottert ein wenig:
»Na, er hat mich dafür gekriegt.«
»Sie sehen«, sagt er spöttisch, »was ich für ein Glück hatte«, und überläßt wieder seiner Frau das Wort.
»Das hätte sich außer ihm keiner bieten lassen. Die anderen Jungs, die dann später Chefärzte und Rechtsanwälte geworden sind, nein, die hätten sich das doch nicht bieten lassen. Ich wollte immer einen Mann heiraten, der keinen Ehrgeiz hat und gut kochen kann. Wenn ich einen von den anderen, die heute Karriere gemacht haben, geheiratet hätte, dann wär's mir doch genauso gegangen wie meiner Mutter mit meinem Vater.«
Sie dreht sich zu ihm herüber.
»Es wäre ja furchtbar, wenn du so ein ehrgeiziger Typ wärst, nicht, Papilein?«
»So ist es, Muttilein«, lästert er.
Edmund Ranke, ein leidenschaftlicher Theologe, wurde nur Religionslehrer. Mit dreiundvierzig schied er wegen einer Erkrankung der Schilddrüse aus dem Dienst aus.
»Mein Mann«, sagt sie, »ist eigentlich ein richtiger Einsiedler. Keine zehn Pferde bringen ihn hier raus, um vielleicht mal mit mir zu einem Empfang zu gehen, auf eine Reise oder gar ins Fernsehen, das ist überhaupt nicht drin.«
»Karriere bedeutet mir nichts«, sagt er, »und in die Öffentlichkeit will ich überhaupt nicht. Das ist kein Opfer für mich, daß mich keiner kennt.«
Als ich vor zwei Stunden das Haus in der Essener Henricistraße betrat und auch die Bibliothek bewundern durfte, zog Herr Ranke voll Stolz eine ledergebundene

Erstausgabe aus dem riesigen Bücherregal. Die Werke des Jesuiten Friedrich von Spee, dem engagierten Gegner der Hexenprozesse im 17. Jahrhundert, Beichtvater vieler Frauen, die in den Flammen der Scheiterhaufen verbrannten.

»Meine Frau hat ihn in einem ihrer Bücher ja auch sehr schön zitiert«, sagte er, aber Uta Ranke-Heinemann wußte davon nichts, kam auch nicht auf den Titel ihres Buches. Er jedoch schlug mit sicherem Griff exakt die richtige Seite auf und las das Zitat vor.

»Ich weiß gar nicht«, sagte sie wie beiläufig, »was mein Mann mir da wieder ins Buch reingeschrieben hat.«

Frau Ranke-Heinemann und ich sind jetzt wieder allein in der Küche, und ich frage also:

»Ihr Mann lektoriert also Ihre Bücher?«

»Ja, was mit dem Computer zusammenhängt, das macht alles er. Wissen Sie, ich schreib' zwar auch auf dem Computer, sogar mit zehn Fingern, aber alles in kleinen Buchstaben, da brauch' ich die kleinen Finger zum Umschalten nicht zu benutzen. Das strengt mich furchtbar an. Ich donnere so schnell, wie man spricht, blindlings und verkehrt wahnsinnige Texte da rein, und dann verschwinde ich nach Wien oder Los Angeles, und mein Mann bringt die Texte dann in Ordnung.«

»Er arbeitet also an den Büchern mit?«

»Ja, auch. Er ist genial, aber mir nicht sorgfältig genug. Er stellt oft zu schnell Behauptungen beim Schreiben auf, und ich muß das dann noch mal nachrecherchieren.«

»Sie streiten sich dann, wer was im Buch schreibt?« will ich wissen.

»Manchmal entsteht Streit, wenn er mir Sachen rein-

schreibt wie zum Beispiel in ›Nein und Amen‹, die ich dann fallenlasse. Ich will immer auf Nummer Sicher gehen.«
Sie klopft energisch auf den Tisch.
»Wieviel Prozent in Ihren Büchern stammt von Ihrem Mann?« will ich wissen.
Sie sagt nichts, zupft an ihrer Perücke, dreht die Armreifen hin und her und seufzt dann:
»Wir wollen das nicht so ausbreiten.«
»Man hat Ihnen unterstellt, Sie hätten in Ihrem Buch ›Eunuchen für das Himmelreich‹ aus anderen Büchern abgeschrieben. Ich las das im ›Spiegel‹. Stimmt das?«
Ich hätte das nicht erwähnen sollen, denn sie holt sofort einen Stapel Bücher von nebenan, liest aus kirchenhistorischen Quellen vor, belegt mir Satz für Satz, daß alles eine böswillige Unterstellung ist, bekommt plötzlich auch in der Sprache die Präzision einer Anwältin. Ihr Mann kommt herein, zitiert Kirchenväter aus dem Original.
Tatsächlich konnte das Theologenehepaar alle achtundvierzig Plagiatsunterstellungen der Anklage widerlegen. Seitdem schweigen die gegnerischen Anwälte.
Allein in den USA wurden dreihunderttausend Exemplare ihres Buches verkauft. Das brachte hohe Tantiemen ein, aber »wir mußten fast eine halbe Million an unsere amerikanischen Anwälte zahlen«.
Es war der Bamberger Kirchenhistoriker Georg Denzler, der versucht hatte, den Bestseller von Ranke-Heinemann zu Fall zu bringen.
»Der will mich vernichten, aber schreibt ja einen unglaublichen Quatsch. Das Glück, das ich habe, ist, der Denzler ist doof. Der kann nicht mal richtig Latein und hat sein Latinum offenbar auf der Klippschule gemacht.«

Alles scheint überstanden, aber mitgenommen hat sie das doch sehr.
»In vier Tagen und vier schlaflosen Nächten hab' ich vier Pfund abgenommen.«
Aber an Schlaflosigkeit leidet sie schon lange und selbst dann, wenn sie nicht unter einem derartigen Druck steht.
»Nach dem Tod meiner Eltern bin ich, möcht' ich sagen, depressiv geworden. Auf jeden Fall sehr melancholisch. Endgültig seit dem Tod meiner Mutter. Ja, so ist das.«
»Seitdem leiden Sie an Schlaflosigkeit?«
»Nein. Schlaflos bin ich seit 1953. Aber mein Vater hatte dafür überhaupt kein Verständnis.«
In diesem Jahr trat sie zum Katholizismus über. Sehr zum Ärger und Zorn ihres alten Herrn.
Gustav Heinemann, der damals gerade aus der CDU ausgetreten war als Protest gegen die Remilitarisierung der Bundesrepublik, ließ nichts unversucht, seine Tochter vom verhaßten katholischen Glauben abzuhalten. Er ließ sie exmatrikulieren, schickte sie zwangsweise auf die evangelische Trutzburg Montpellier, nach Oxford und Basel.
»Mein Vater wollte mir das Theologiestudium verbieten. Ich sehe mich noch mit ihm im Treppenhaus stehen. Ich weinte und schrie, daß das ganze Haus zusammenlief.«
»Auf unserer Hochzeitsfeier«, unterbricht Herr Ranke, »hat Gustav Heinemann gesagt: ›Das Tischtuch zwischen meiner Tochter und mir ist zerschnitten.‹«
»Haben Sie sich nie gegen ihn gewehrt?«
»Ach, überhaupt nicht. Was hätte das gebracht? Ich war damals völlig auf meinen Vater angewiesen, ich hatte keinen Pfennig Geld. Und nebenher was verdienen war nicht drin, dazu war ich eine viel zu fleißige Studentin.

Ich konnte mir das gar nicht erlauben, auf den Tisch zu hauen. Und mein Mann verdiente ja auch nichts. Von den zweihundert Mark, die ich monatlich von meinem Vater bekam, habe ich die Hälfte meinem Mann abgegeben. Und fünfundfünfzig Mark habe ich für Miete bezahlt. Das wußten meine Eltern gar nicht.«
»Hat Ihnen die Mutter mal was zugesteckt?«
»Meine Mutter hat nie was hinter dem Rücken meines Vaters getan. Mein Vater hat sich auch geweigert, meine Studiengebühren zu übernehmen. Er hat gesagt: ›Wenn meine Tochter schon katholisch wird, soll gefälligst die Kirche auch die Studiengebühren zahlen.‹«
»Ihre Mutter verfügte über Geld. Sie kam aus vermögendem Haus. Sie hätte Sie unterstützen können.«
»Wenn Sie mich schon so fragen, meine Mutter liebte den Luxus und hatte immer Angestellte. Sie hatte ja bis zu ihrem Tod allein zwei Köchinnen und einen Chauffeur. Das war wahrscheinlich auch der Grund, daß die Erbschaft nicht besonders groß war.«
»Ist Ihr Streit damals an die Öffentlichkeit gedrungen?«
»Nein, ich habe darüber nie gesprochen, auch heute mach' ich das nicht, weil ich alles vermeiden wollte, was meinen Vater als intolerant hätte darstellen können. Ich wollte das Herrscherpaar nicht in Mißkredit bringen.«
Draußen ist es schon dunkel geworden, die Küche wirkt dadurch noch gemütlicher, Herr Ranke brüht noch eine Kanne Tee, holt Gebäck, aber setzt sich nicht, bleibt, am Küchenschrank angelehnt, in Distanz.
Ich frage die berühmt gewordene Kirchenrebellin, warum, um Gottes willen, sie katholisch werden mußte.
»Ich bin aus der Intoleranz eines superevangelischen Elternhauses geflüchtet. Ausgerechnet in die katholi-

sche Kirche. Ausgerechnet. Für meinen Vater waren ja die Katholiken Ketzerverbrenner, die seine Vorfahren auf dem Scheiterhaufen angezündet hatten. Und dann lernte ich als junge Frau meinen Mann kennen, und der war ganz anders, verstehen Sie. Der war sanft, freundlich, tolerant. Und ich war so naiv zu glauben, die ganze katholische Kirche wäre genauso wie mein Verlobter.«

»Es war also ein Protest gegen das intolerante Elternhaus?«

»Ja.«

Allmählich spürte sie, daß sie durch die Konversion vom Regen in die Traufe gekommen war. Da zu Hause und auch in der frommen Uni über Sexualität niemals gesprochen wurde und ihr Mann ebenso unaufgeklärt war wie sie, wollte die junge Ehefrau ihr Wissensdefizit aufholen und sich ein Aufklärungsbuch besorgen. Damals gab es einen berühmten Bestseller, »Die vollkommene Ehe« von dem holländischen Frauenarzt van de Velde, geschrieben in den zwanziger Jahren, aber immer wieder neu aufgelegt. Ein harmloses Werk mit einer Fülle von Ratschlägen, wie die eisigen, ehelichen Schlafzimmer ein wenig lustvoller werden könnten. Die junge Theologiedoktorin war erschrocken, denn das Buch durfte ihr in der Stadtbibliothek nicht ausgeliehen werden. Nur unter Aufsicht wurde es aus dem Giftschrank geholt, und sie durfte unter Aufsicht mal reingucken, denn es stand auf dem Index der katholischen Kirche. Es wurde ihr klar, es ist »das ganze Gebiet der Sexualität, das diese prüden Herren uns verbieten wollten. Die Sexualmoral der Kirche ging mir langsam, aber sicher auf den Keks.«

»Meine Frau«,wirft Herr Ranke ein, »sollte damals ein Seminar halten. Aber als der Leiter der Schule erfuhr, daß sie heiraten will, durfte sie nicht mehr über das Neue Testament lesen.«
»Ich war als verheiratete, promovierte Religionslehrerin an eine Nonnenschule gekommen. Die Nonnen sind ja alle mit Christus verheiratet. Ich war das nicht. Ich war, wie gesagt, mit Herrn Ranke verheiratet. Eines Tages hat mich die leitende Schwester Nilda vor allen Schülerinnen deshalb so ekelhaft mies gemacht, und ich hab' mich derart aufgeregt, daß ich eine Fehlgeburt hatte. Zwei, drei Stunden nach diesem Zusammenstoß bekam ich Blutungen, so daß ich ins Krankenhaus eingeliefert werden mußte. Da fingen doch die Nonnen, Sie werden's nicht glauben, an zu beten, daß Gott das Baby erhalten möge. Aber ich hab' nur gedacht, hättet ihr mich etwas menschlicher behandelt, wäre mein Kind jetzt nicht tot. Stellen Sie sich vor, das war ja schon vier Monate alt. Es war furchtbar, aber irgendwie war ich auch froh, daß ich im Krankenhausbett bleiben mußte, das hat es mir erspart, in diese grausame Schule zurückzugehen.«
»Und dann war's aus mit dem etwas naiven Idealismus?« fragte ich.
»Noch nicht. Als der Papst aber 1968 mit der Enzyklika zur Pille rauskam, ja, da war es dann ganz aus.«
»Die Sexualfeindlichkeit war also Ihr springender Punkt. Kann es sein, daß Sie mehr an der Theorie als an der Praxis interessiert sind?«
»Ja, ja, und das möglichst in lateinischen Ausdrücken.«
»Beim Rundgang durch Ihr schönes Haus hab' ich gesehen, daß die Sexualexpertin Ranke-Heinemann und ihr Ehemann getrennte Schlafzimmer haben.«

»So, das haben Sie bemerkt?« lacht sie. »Aber wissen Sie, mein Mann schnarcht immer so fürchterlich. Nicht, Papilein?«

»So ist es, Mamilein«, grinst er und versucht, an seiner geflickten Pfeife zu ziehen.

BJÖRN ENGHOLM

SPD-Kanzler-Kandidat und Ministerpräsident a. D.

Geboren am 9. November 1939 in Lübeck. 1962 trat er der SPD bei, war 1965–1969 Vorsitzender der Jungsozialisten (JUSOS) in Lübeck und gewann bei den Bundestagswahlen 1969 den Wahlkreis 11 (Lübeck) für seine Partei.
Kanzler Helmut Schmidt machte ihn zum Parlamentarischen Staatssekretär im Bundesministerium für Bildung und Wissenschaft, 1982 übernahm er das Ministerium. Nach der »Wende« in Bonn im September 1982 wurde er SPD-Spitzenkandidat in Schleswig-Holstein und vom CDU-Ministerpräsidenten Uwe Barschel in eine Diffamierungskampagne gedrängt, die zum Rücktritt Barschels am 2. Oktober 1987 führte. Der CDU-Politiker wurde am 11. Oktober in der Badewanne des Genfer Hotels »Beau Rivage« tot aufgefunden, und nach einer Neuwahl 1988 wurde Engholm Ministerpräsident des nördlichsten Bundeslandes. Er holte vier Frauen in sein Kabinett.
Am 17. 12. 1990 nominierte der SPD-Vorstand ihn einstimmig zum Parteivorsitzenden. Ende Januar 1992 erklärte sich Engholm bereit zur Kanzlerkandidatur.
Am 3. 5. 1993 trat er als Ministerpräsident, Parteivorsitzender und Kanzlerkandidat zurück, weil er vor dem Untersuchungsausschuß, der die Barschel-Affäre aufklären sollte, die Unwahrheit gesagt hatte. Seitdem ist er nur noch Abgeordneter des Kieler Landtages.
Er ist seit 1965 verheiratet mit Barbara. Er hat zwei Töchter, Kerstin (geb. 1966) und Britt (geb. 1969).

Volksvertreter in wabbligen Jeans oder ausgebeultem C&A-Tuch huschen durch das Kieler Landeshaus. Es riecht nach frisch geschrubbtem Fußboden.
Engholm, nach seinem Absturz nur noch ein schlichter Abgeordneter, wirkt hier wie ein Exot zwischen grauen Spatzen. Ich treffe ihn, blütenweißes Hemd, schwarzer Anzug, auf dem Couchtisch seines kleinen Büros eine kalte Platte mit Spargel. Dazu Rotwein. Im Aktenschrank eine Batterie erlesener Flaschen. Zeitgenössische, großformatige Kunst an den Wänden. Er kommt dem Klischee, das man von ihm hat, bilderbuchhaft entgegen – der Genosse Genießer. Einen Stock tiefer tagt der Landtag: »Ziemlich langweilig«, sagt er. Und als die Sekretärin eine Stunde später hereinkommt: »Ich glaube, Björn, du mußt jetzt runtergehen zum Abstimmen«, frage ich: »Worüber müssen Sie denn abstimmen?« Er antwortet: »Keine Ahnung, aber ich bin gleich wieder zurück.«
Tatsächlich ist er nach einer Viertelstunde wieder auf dem Sofa in seinem Büro.
In allen Zeitungen konnte man lesen, Engholm hätte überhaupt keine Lust, für seine Partei den Kanzlerkandidaten zu spielen. Er sei mit dem Amt des Ministerpräsidenten in Schleswig-Holstein ausgelastet und auch zufrieden.

»Warum haben Sie trotzdem das ungewollte Amt angenommen?« will ich wissen.
Engholm klopft seine Pfeife aus: »Ich hab' das eines Morgens in irgendeiner Zeitung gelesen, daß ich zum Kandidaten auserkoren war. Ich hatte keine Ahnung, das kam wie Ziethen aus dem Busch.«
»Das heißt doch nicht etwa, Hans Ulrich Klose hat das der Presse mitgeteilt, ohne Sie vorher zu fragen, ob Sie bereit sind?«
»So ist es. Niemand hat mit mir vorher gesprochen. Aber ich hab' das mit Gelassenheit aufgenommen.«
»Sie haben sich nicht gewehrt wie Lafontaine, der laut und deutlich aufgeschrien hat: Also bitte ohne mich?«
»Nein, das hab' ich nicht gemacht. Die Presse hat ja dann das Thema aufgegriffen, jeden Tag stand in der Zeitung: Warum zögert Engholm? Das hörte gar nicht mehr auf. Bis schließlich die ganze Partei gesagt hat: ›Wenn es nun schon so ist, dann mußt du es jetzt auch machen.‹ Hinzu kam, daß die Landtagswahlen vor der Tür standen, da hat die Partei gemeint, die Öffentlichkeit wartet darauf, daß ein Name genannt wird. So wurde ich halt ein Opfer der Begierde.«
»Haben Sie Ulrich Klose wenigstens dafür heftig beschimpft, daß er Sie ins offene Messer hat laufen lassen?«
Engholm beißt auf seiner Pfeife herum, meint halblaut: »Ich habe ihm mein komplettes Unverständnis mitgeteilt.
Es gab eine öffentliche Woge des Druckes. Es war der Beginn einer politischen Kampagne, der haben sich zuerst die Sozis und dann ich mich gebeugt.«
»Kann es sein, daß man Sie auf lange Sicht hat fertigmachen wollen?«

Engholm fackelt mit dem Streichholz an der Pfeife, schweigt ausgiebig, sagt schließlich hustend: »Das glaube ich eigentlich nicht.« Es folgt eine lange Pause – und dann: »Ich will das aber nicht ausschließen. Vielleicht hat Schröder daran irgendwie gedreht.«

Engholm als Beleidigter, Bespitzelter, durch Intrigen tief Verletzter hatte die öffentliche Sympathie im Mai 1988 auf seiner Seite, so daß er ohne große Anstrengung Ministerpräsident werden konnte. Die günstigen Umstände hoben ihn zwangsläufig ins Amt. Nachdem CDU-Ministerpräsident Uwe Barschel am 11. Oktober 1987 tot in der Badewanne des Genfer Nobelhotels »Beau Rivage« gefunden wurde, gewann das »arme Opfer Engholm« auf einen Schlag die Herzen und Stimmen der Bürger, ohne daß er viel dazu hätte beitragen müssen.

Und ein zweites Mal durfte, nein mußte der »gute Mensch aus Schleswig-Holstein« im Karrierespiel ein paar Felder nach vorn rücken. Diesmal als Kanzlerkandidat und gegen seinen Willen. Die Partei zwang ihn sogar zu seinem zweifelhaften Glück. Und er ließ sich zwingen. Der Verräter Pfeiffer und der psychisch kranke CDU-Politiker Barschel hatten ihn vernichten wollen, erreichten jedoch das Gegenteil. Engholm wurde in eine scheinbar ganz große Politikerkarriere geschoben. Sein Familienleben aber wurde schwer getroffen.

Engholm erinnert sich: »Es war nach Ende der Barschel-Affäre, da lief noch der Untersuchungsausschuß, der erste, und ich wurde immer wieder gefragt: Wann haben Sie mit Herrn Pfeiffer telefoniert? Es waren nämlich hier auf dem Datenband Anrufe von Pfeiffers Telefon zu mir nach Hause registriert. Das müssen wohl diese Anrufe eines gewissen Dr. Wagner gewesen sein, der mir mitteilte, er hätte von einer Patientin mitgeteilt bekommen, ich sei an Aids erkrankt.«

Die Zeitungen brachten die Sensation in dicken Lettern. Selbst seriöse Blätter verloren ihren klugen Kopf, der sich angeblich hinter dem Blatt verbergen soll. »Unter den Lesern«, sagt Engholm, »gibt es immer wieder schwarze Schweine. Von so einem ist meine Mutter ein paarmal hintereinander anonym angerufen worden: ›Dein Sohn ist eine alte Drecksau‹ und so was. Das muß für sie ein innerer Knick gewesen sein. Die alte Frau konnte damit überhaupt nicht umgehen. Ich weiß nicht, warum sie mir das nicht erzählt hat, sondern nur meiner Schwester.«

Engholms Blick geht ins Leere, er klopft mit der rechten Hand einen Krümel vom Ärmel. »Eine Woche darauf ist sie gestorben. Sie war zum Schluß noch ein, zwei Tage auf der Intensivstation. Drei Stunden vor ihrem Tod waren meine Frau und ich noch bei ihr. Die Ärzte sagten, sie hätten keine Ahnung, wie das liefe, und wir sollten noch mal anrufen. So sind wir wieder nach Hause gefahren. Und dann war's nachts irgendwann vorbei.«

»Das muß schrecklich für Sie gewesen sein. Ihre Mutter ist an einem Skandal, der doch mit Ihnen zusammenhing, gestorben.«

»Ja«, sagt Engholm fast teilnahmslos, »das ist schrecklich. Weil, das ist ja der zweite elterliche Bestandteil, der dann geht, und das unter solchen Umständen.«

Engholm greift mit den Fingern nach dem Spargel, den die Sekretärin inzwischen aufgefüllt hat, und taucht ihn in die Mayonnaise.

»Sind Sie imstande, Haß gegen jemanden zu empfinden?« frage ich.

»Nee, richtigen Haß nie.«
»Sie hatten nie den Wunsch, jemanden umzubringen? Ich meine natürlich bloß in der Phantasie?«
»Nee. Ich bin Pazifist in meinen Gefühlen.«
»Nicht mal den Verräter Pfeiffer, der all die brutalen Intrigen gegen Sie ausführte?«
»Menschen, die instrumentalisiert werden, sind am Ende doch immer arme Schweine.«
»Und Barschel selbst?«
»Nein. Eigentlich nicht.«
Und nach einer langen Pause murmelt er zwischen Lippen und Pfeifenmundstück hindurch: »Manchmal hätte ich ihn schon verwünschen können.«
Als ich mein Erstaunen zeige über seine Beißhemmungen, zieht er die Schultern hoch:
»Es ist halt so bei mir.«
»Was machen Sie mit Ihren Aggressionen? Die hat schließlich jeder.«
»Ich habe da andere Kanäle als verbale Ausfälle. Ich mach' das, indem ich Menschen totschweige.«
»Totschweigen? Hat Ihre Mutter das mit Ihnen auch getan?«
»Ja, sie ist dann auch eher ruhig geworden.«
Engholm ist im November des Kriegsjahres 1939 in Lübeck geboren. Seine prägende und früheste Kindheitserinnerung war die Bombardierung seiner Heimatstadt. »Ich saß als Dreijähriger im Kinderwagen, die notwendigsten Papiere obendrauf gelegt. So schob mich meine Mutter nach Schwartau. Immerhin acht Kilometer weit. Ich weiß noch sehr genau: Der Himmel war feuerrot, und wir hatten Angst, daß die Engländer in der nächsten Nacht wiederkommen.«

Aus dem Fenster der Wohnung hatte man einen schönen Panoramablick über die Stadt.
»Eines Morgens waren die Kirchtürme, die wir von oben immer sehen konnten, weg. Einfach weg. Alle sieben.«
Dies Bild sitzt ganz tief in ihm. Plötzlich war die vertraute, gewohnte Welt zerbrochen. Er weiß nicht mehr genau, wie oft seine Mutter durch die rauchenden Trümmer den kleinen Björn im rumpelnden Wägelchen kilometerweit geschoben hat, immer in der Furcht, es könnte die letzte Reise sein. Engholms Blick schweift durch das Bürofenster nach draußen. Blauer Dunst aus der Pfeife füllt den Raum.
»Die Eisenbahn fuhr an unserem Haus vorbei. Für mich war das eine Illusion von Ferne. So kam es, daß ich Lokführer werden wollte.« Noch heute ist ihm, neben Essen und Trinken, der Gedanke an Flucht ein wesentlicher Trost.
Mehr noch, Abhauen ist für ihn eine Alternative, um aus Zwängen hinauszukommen.
»Wenn ich mich traurig fühle, dann höre ich laute Musik, immer laute Musik. Meist Led Zeppelin, großer, schöner, einfacher Rock. Oder das Violinkonzert von Beethoven, gespielt von Menuhin. Wenn ich depressiv bin, setze ich mich ins Auto und fahre weg. Möglichst weit weg. Tapetenwechsel, anderes Licht, andere Bäume, anderer Wein, anderes Essen, andere Leute, die einen möglichst schnell auf andere Gedanken bringen.«
Die Frage nach der Macht wird Politikern immer gestellt. Die meisten von ihnen mögen nicht einmal das Wort, reden lieber von dem Wunsch, zu gestalten.
Auch Engholm sagt zunächst: »Es gibt die unglaubliche Chance, ein paar Dinge zu gestalten, für andere. Wenn

man machtgeil wäre, dann müßte man in der Lage sein, wie Helmut Kohl über politische Leichen zu gehen.«
»Aber was bedeutet Macht für Sie ganz persönlich?«
»Begegnung mit interessanten, intelligenten Menschen.«
»Das könnten Sie auch als Direktor einer Galerie haben.«
»Nein«, antwortet er, »die Kunstszene ist viel weniger sinnlich als so ein Beruf wie etwa Ministerpräsident.«
Dann erzählt er mit leuchtenden Augen, was er so sinnlich an dem empfindet, was für ihn Politik bedeutet.
»An einem Tag mit einem Bauern reden, am nächsten Tag mit Königin Sylvia eine Ausstellung eröffnen, am Tag darauf eine mehr oder minder lebendige Debatte im Landtag haben, am Tag darauf den Sultan von Oman treffen. Das, was man an Öffnung des eigenen Geistes, der eigenen Erfahrung und der Sehfähigkeit gewinnt, das ist faszinierend. Politik ist heute wesentlich lebensnäher als die Kunst.«
»Als Kanzler in Bonn hätten Sie soviel Schönes nicht bekommen.«
»Man hätte es vielleicht anders machen können. Kohl geht kaum noch raus, das ist ja das Problem. Wenn man immer in diesem Bunker sitzt da in Bonn und die Welt nur in Aktenform zur Kenntnis nimmt oder aus dem Flugzeugfenster, dann kann man am Ende, weil man keine sinnlichen Erfahrungen macht, auch keine sinnliche Politik machen.«
Das hält Engholm für »das grundsätzliche Dilemma in Bonn«.
1977 holte Helmut Schmidt den aufstrebenden jungen Genossen in den Bonner Beton. Zunächst als Parlamen-

tarischen Staatssekretär, dann machte er ihn zum Bildungsminister, und zwei Wochen lang war er Minister für Landwirtschaft, Ernährung und Forsten.
»Das Abgehobensein hab' ich bei Schmidt«, erinnert er sich, »am Ende auch erlebt, und der war noch fleißiger als Kohl. Aber Kohl hat den großen Vorzug, daß er jeden Tag einmal ordentlich ißt und seinen Pfälzer Riesling trinkt. Er integriert ein paar sinnliche Dinge in den Arbeitsalltag, was Schmidt in seiner preußischen Disziplin nicht konnte. Wenn Schmidt anfing, auch nur in Ansätzen ein Bäuchlein zu bekommen, wo der Kohl ja eine richtige Kugel hat, dann löffelte er diese Erbsenpüreesuppe mit sieben Kalorien auf zweihundert Milliliter. Fürchterliches Zeug. Und wenn man in solch einer Phase ein Gespräch mit ihm zum Beispiel über Bafög führen wollte, dann war das Ding schon von vornherein verloren.«
Die schwerste Erschütterung im Leben Engholms war der Tod seines Vaters. Da war er gerade sechzehn und »mitten in der Pubertät. Da hätte als Gegenpol zur Mutter ein Vater gefehlt.«
Der Vater war Angestellter bei der Bonbon- und Marmeladenfabrik in Bad Schwartau gewesen, eine »mächtige Figur, obgleich er aus dem ersten Krieg noch ein paar Splitter im Bauch hatte. Ich verspürte wenig Neigung, ihm zu widersprechen.«
Björn, ein folgsames, braves Kind, wurde plötzlich ein anderer, als der Vater an Herzinfarkt 1955 starb. Er wurde ein miserabler, »aufsässiger Schüler«, schwänzte den Unterricht und provozierte schließlich den Rausschmiß aus dem Gymnasium. Und das ein Jahr vor dem Abitur. »Als ich bei schönem Wetter gerade schwänzend nach Travemünde unterwegs war, hat mich ein Lehrer er-

wischt. Den Entschuldigungszettel hatte ich selbst geschrieben und die Unterschrift der Mutter nachgemacht. So mußte ich mit meiner Mutter zum Rektor. Da saß der Herr Oberstudiendirektor hoheitlich, um ihr über den mißratenen Sohn zu berichten. Na ja, eine der wenigen wirklich unangenehmen Stunden meines Lebens. Meine Mutter, die es doch wirklich schwer genug hatte nach dem Tod des Vaters, mußte hart schlucken.«

Der sechzehnjährige Junge begehrte wohl weniger gegen die Schule auf als gegen eine ängstliche, hilflose Mutter und eine dreizehn Jahre ältere Schwester.

»Die Schwester, eine gestandene, stabile Person, war eine zweite Mutter für mich. Wirklich erzogen worden bin ich eigentlich von diesen beiden Frauen.«

Die eher herbe Schwester, die »immer ihren Mann gestanden hat, blieb ein Leben lang Solistin, das heißt ledig, warum, weiß ich nicht«. Auch die Mutter heiratete nicht wieder, denn ihr Lebensinhalt blieb ihr Sohn Björn, dem sie wohl ihre Fürsorglichkeit, aber nicht wirkliche, hautnahe Herzlichkeit entgegenbringen konnte.

»Bei uns zu Hause«, sagt Engholm, »ging es eher betulich zu. Eine neumodische Abknutscherei hat es nicht gegeben. Äußerlich war immer Distanz da. In dieser Generation war es so, man hatte einfach Kinder. Und wenn man sie schon hatte, dann tat man auch alles für sie. Das haben wir Kinder schnell begriffen, daß die uns nicht einfach zum Spaß in die Welt gesetzt hatten. Irgendwie haben wir das ihnen mit Anstand zurückgegeben. Gehorchen war selbstverständlich.«

»Haben Sie jemals den Gehorsam verweigert?« frage ich.

Die Frage trifft ihn unverhofft, darüber hat er sich noch keine Gedanken gemacht.

»Nein«, sagt er, »Beispiele dafür wüßte ich nicht. Ich hab' zwar schon mal gesagt: ›Ich hab' keine Lust, Kohlen aus dem Keller zu holen.‹ Was dann passierte, war, daß Mutter selbst mit dem Eimer in der Hand nach unten ging. Aber das hat mir dann hinterher furchtbar leid getan.«
»Das war eine viel größere Bestrafung als eine Ohrfeige, weil Sie sich nicht wehren konnten?«
»Sie hat das nicht so rationalisiert als mittelbare Sanktion, aber es war natürlich so.«
Die Mutter erlebte er als strebsame und fleißige Hausfrau, die »für die Familie alles tat«. Doch wenn Engholm von ihr spricht, zeigt sein Gesicht einen leisen Schmerz: »Mutter hat sich mit Güte durchgesetzt, und man geht nicht gegen Güte an. Man nützt sie auch nicht aus.«
Für eine Auseinandersetzung war also die Mutter nicht geeignet und der Vater zu früh gestorben.
Björn, inzwischen Setzerlehrling bei einer sozialdemokratischen Zeitung in Lübeck, mußte als einziger Mann in der Familie, so jung er auch war, nun an die Stelle seines toten Vaters rücken. Er saß mit Mutter in der Küche und besprach mit ihr die Probleme des kärglichen Alltags. Die Witwe hatte sonst niemanden, denn ihre Tochter hatte längst das Haus verlassen und sich selbständig gemacht. Wie später die Partei übte die Mutter einen schweigenden, unwiderstehbaren Druck auf ihn aus. Er beugte sich widerwillig. Nur in der Musik fand er eine kleine Nische für seine persönliche Freiheit. In der Freundesclique fuhr er zu Bill Haley oder in den Star-Club nach Hamburg, um sich von den noch unbekannten Beatles begeistern zu lassen.
Mutter und Partei vergleicht er selbst, wenn er sagt: »Meine Mutter hat es ja nicht für sich selbst getan, daß sie

mich gefördert hat. Und die Gewerkschaften und die Partei auch nicht. Sie hätten auch sagen können: ›Warum sollen wir für den Engholm unser gutes Geld rausschmeißen?‹, als ich in den zweiten Bildungsweg ging. Es haben immer Leute in eine Idee, die nichts mit ihnen zu tun hatte, investiert.«

Er selbst hat sich nie ganz und gar einer Idee oder Organisation hingeben können: »Ich hab' mich nie zu hundert Prozent in die Maschinerie der Partei eingelassen. Zu zehn Prozent habe ich immer das getan, was mir Spaß gemacht hat.«

Der Vater war, wie fast alle seiner Generation, ein Deutschnationaler, aber im Dritten Reich kein Parteimitglied.

»Die Nazis hat er nicht gemocht, die waren ihm zu nackt, zu brutal, zu laut. Doch über Politik und Sexualität wurde nicht gesprochen. Das kam bei den Eltern nicht vor. Mutter war Hausfrau und völlig unpolitisch. Und ich war es auch.«

»Wie kam«, frage ich, »der junge Björn schließlich dazu, sich mit Politik zu beschäftigen?« Bisher gingen seine Phantasien zu Rockmusik, Jazz und harmlosen Knutschereien mit »fröhlichen Ecken- und Straßenbekanntschaften.

Als Engholm das »Consilium abeundi« vom Schulrektor erhielt und eine Lehre bei der sozialdemokratischen »Lübecker Freien Presse« begann, wurde er ganz automatisch in die Politik gezogen. Wieder war es nicht sein Wille und Entschluß. Es passierte ihm irgendwie.

»In so einem Betrieb hat man am ersten Tag zwei Zettel auf dem Tisch, der eine ist eine Beitrittserklärung zur Büchergilde Gutenberg, der andere die Beitrittserklärung zur IG Druck und Papier. Beide habe ich ganz selbstverständlich am ersten Tag unterschrieben. Der politische Zugang ist durch die Mitgliedschaft in der Gewerkschaft gekommen.«

Während ich den eleganten Mann beim Verspeisen der Früchte beobachte, denke ich an Helmut Kohl, der bereits als vierzehnjähriger Schüler seinen Kameraden verkündete, er wolle einmal Bundeskanzler werden.

Nachdem Engholm kurz der Hoffnungsträger der deutschen Sozialdemokratie war, auf den viele, besonders Intellektuelle, setzten, weil sie eine neue, humanere Politik von ihm erwarteten, brach er nun müde und lustlos ab. Fühlt er sich, ich stocke zu fragen, als Versager?

Der Exkandidat straft mich mit einem wortlosen, leicht verachtenden Blick und sagt über sein momentanes Gefühl leise: »Ein bißchen Wehmut. Vielleicht, manchmal.«

Dann kratzt er die Pfeife aus, während seine Stirnfalten sich melancholisch wellen. Er schweigt.

Es klopft unangemeldet an der Bürotür. Noch bevor Engholm »Herein« rufen kann, steht ein grauhaariger Genosse im Raum: »Ich werf' dir überhaupt nichts vor«, sagt er, »höchstens, daß du so schnell das Handtuch geworfen hast.«

Engholm antwortet nicht. Er lacht, und der alte Genosse lacht auch.

EVELYN KÜNNECKE

Sängerin, Schauspielerin

Geboren am 15. Dezember 1921 in Berlin als Tochter des Operettenkomponisten Eduard K. (»Der Vetter aus Dingsda«, »Glückliche Reise«). Sie wuchs zum Teil in den USA auf, erhielt Schauspielunterricht bei Lucie Höflich und Gesangsunterricht bei Maria Ivogün. Mit sechzehn rückte sie mit einem Jugendfreund von zu Hause aus und heiratete ihn im schottischen Gretna Green, wo bis 1969 auch ausländische Minderjährige getraut werden konnten. Als eines ihrer Fotos dem Filmregisseur Geza von Cziffra in die Hände fiel, begann ihre Karriere. Sie wurde in Revuefilmen als Sängerin engagiert. Sie trat zusammen mit Johannes Heesters und Peter Igelhoff auf, sang erfolgreich Lieder von Michael Jary wie »Sing, Nachtigall sing«, ein Lied, das sie im Krieg bei den deutschen Landsern populär machte.
Nach dem Krieg trat sie in vielen deutschen Filmen auf (»Verlorene Melodie«, »Das unmögliche Mädchen«, »Märchen im Glück«, »Die große Starparade« u. a.) und sang Schlager wie »Winke, winke«, aber auch Swing. Sie erhielt sieben goldene Schallplatten.
Mitte der sechziger Jahre verschwand sie fast völlig aus dem Showgeschäft, tauchte aber in den Siebzigern wieder auf. Die Regisseure Rosa von Praunheim, mit dem sie sich verlobte, und Rainer Werner Fassbinder entdeckten sie wieder. Es entstanden der Film »Das skandalöse Leben der E. K.« und 1976 ihre erste Fernseh-Personality-Show. Selbstironisch nannte sie sich »die Fette aus Dingsda« und wurde als »Antistar« und »Callas der Subkultur« gefeiert. In den folgenden Jahren wurden »Ich bin ein Antistar« und »Meine schöne, neue Welt« gedreht, außerdem spielte sie wieder Theater und veröffentlichte ihre Memoiren »Federboa und Kittelschürze«.
Sie war dreimal verheiratet. Nach der schnell wieder geschiedenen ersten Ehe folgten 1963 die mit dem Kaufmann Reinhard Thomanek und die mit dem Manager Dieter Hatje 1979. Sie hat eine Tochter aus erster Ehe. Frau K. lebt in Berlin in der Wohnung ihrer Eltern.

Ich erinnere mich gut. Sie war das erotische Traumbild meiner Pubertät. Vamp der fünfziger Jahre, schön, kurze Locken, blutrote Lippen, schmachtender Blick. In einem ihrer Filme wippte sie in einem aufregenden Bikini am Rand eines Swimmingpools, für mich Inbegriff von unerreichbarem Luxus und sündigem Wohlstand, sie trällerte:
»Mecky war ein Seemann«, vielleicht auch »Haben Sie schon mal im Dunkeln geküßt«. Mag sein, daß es »Sing, Nachtigall, sing« war, aber das war eher der Hit der vierziger Jahre und sehnsüchtige Heimatmelodie meines Vaters im Granatenlärm an der Ostfront.
Ich sah sie wieder im Fernsehen an der Seite des Holger, Bernhard, Bruno Mischwitzky, der sich als Rosa von Praunheim selbst adelte. Kesse Callas der Subkultur.
Ich besuche sie in ihrer Geburtsstadt, in der sie noch immer lebt. Das Haus Giesebrechtstraße Nummer 5 in Berlin, zwei Fußminuten vom Ku'damm, grüngestrichener Jugendstil. Sie wohnt im ersten Stock.
»Ach Gott, ich hab' unsern Termin ganz vergessen. Kommen Se rein. Es ist aber nicht aufgeräumt.«
Frau Künnecke, immer noch dunkelblonder Lockenkopf, Hausanzug, starke, bunte Brille, nicht mehr ganz schlank. Sie hinkt. Die Diele ist dunkel, an der Wand eine

ihrer sieben goldenen Schallplatten, riesiges, hohes Wohnzimmer, früher mal ein Salon. Der Fernseher läuft. Kabelkanal, bunt und laut. Obwohl draußen die Sonne scheint, brennen die Deckenlampen.
Wir setzen uns in die Sofagarnitur. Überall Plüschtiere, ein Hund, ein Schwein, auf dem Couchtisch Dosen mit Büchsenmilch und Pulverkaffee, Medikamente, leere Tassen, fünf, sechs kleine Handtäschchen liegen herum, halb offen, dazwischen ein scheuer, schwarzer Kater. Und Zigaretten, ganze Stangen. Aschenbecher. Am Tischrand angelehnt zwei Krücken. Die Wanduhr ist stehengeblieben.
»Ich wohne hier seit 1939, meine ganze Lebensqualität besteht aus dieser Wohnung, weil ich mich hier mit meinen Eltern verbunden fühle. Das ist meine Burg.«
Sie pafft eine Zigarette, gießt mir einen Kaffee ein.
»Ich rede überhaupt nicht über mich. Ich bin wahnsinnig scheu und verschlossen. Alles andere ist 'ne Rolle. Was ich im Fernsehen mache, ist gespielt, da spiele ich die Evelyn Künnecke. So ist das.«
Nein, nein, über die Kindheit will sie schon gar nichts erzählen. Über die Vergangenheit überhaupt nicht. Ich schweige also, lasse ihr Zeit, an einer der Taschen herumzunesteln, frage dann vorsichtig:
»Stammen die Möbel, die hier stehen, noch von Ihrem Vater?«
»Fast alles. Nur das alte Ehebett hab' ich in den Keller gestellt.«
Erst jetzt bemerke ich ein goldenes, in einen Silberring gefaßtes Amulett, das sie um den Hals trägt. Darauf ist ihr Vater Eduard abgebildet.
»Mein Talisman, den trag' ich immer, entweder um den

Hals oder, wenn's nicht zu meiner Kleidung paßt, unter dem Korsett. Nur nachts schlafe ich ohne ihn.«
»Sie hängen immer noch sehr an ihm?«
Sie antwortet nicht. Und ich bin auch still. Durch das angelehnte Fenster hört man Autohupen. Schließlich hustet sie und sagt:
»Ich habe wenig Glück mit Männer gehabt in meinem Leben, und es ist mir nie geglückt, einen Mann kennenzulernen, der auch nur annähernd den Wert meines Vaters erreicht hat, obgleich er mich manchmal geschlagen hat, daß ich dachte, mein Kopf fliegt ins Nebenzimmer. Nur Pianisten können so zuhauen, weil sie so trainierte Hände haben.«
Ihr Raucherhusten bellt gefährlich. Sie streichelt liebevoll den Kater.
»Wissen Sie, ich glaube an die Seelenwanderung. Es klingt vielleicht verrückt, aber manchmal hab' ich das Gefühl, mein Vater erscheint nachts hier in der Wohnung. Nein, er ist nicht sichtbar, aber der Kater guckt sehr intensiv zum Schreibtisch, an dem mein Vater immer gearbeitet hat, und der Hund bellt jemanden an, den ich nicht sehen kann.«
Ich betrachte das schwere, dunkle Mobiliar, den großen, schwarzen Schreibtisch des Vaters aus den zwanziger Jahren, die alten Bücher. Komplette Klassikerausgaben. An den Wänden neben Jugendbildern von ihr Porträts des berühmten Vaters. Ein Herr mit riesiger Nase, dazu passenden Ohren, hinter der randlosen Brille skeptisch beobachtende Augen: Eduard Künnecke, der berühmteste deutsche Operettenkomponist seiner Zeit. »Der Vetter aus Dingsda« und »Glückliche Reise« wurden Welterfolge.

»Ich hab' eigentlich keine Lust mehr zu leben«, sagt sie unvermittelt, »weil die Zeit so entsetzlich ist. Lieber heute als morgen sterben. Aber ich werde mich nicht umbringen. Vorläufig jedenfalls noch nicht. Vielleicht später. Ich weiß es noch nicht.«
»Und wie würden Sie's machen?«
»Mit Tabletten. Ich sammle Nominal. Ich hab' genug da.«
Ich habe gelesen, daß sie als junges Mädchen angeblich einen Selbstmordversuch gemacht hatte.
»Sie hatten eine traurige Kindheit?« frage ich.
»Überhaupt nicht. Ich hatte eine sehr schöne Kindheit, hab' meine Mutter und meinen Vater geliebt, die glücklich verheiratet waren.«
»Und warum wollten Sie sich töten?«
»Weiß ich nicht. Ich hab' meiner Mutter Tabletten geklaut und dann genommen. Mein Magen mußte ausgepumpt werden. Ich fand die Welt so ekelhaft. Ich wollte nicht erwachsen werden. Sechsmal hab' ich's versucht.«
»Könnten Sie erklären, warum?«
»Das weiß ich nicht mehr. Das letztemal war es 1967, als meine Mutter starb. Oder war es 68? Ich hab' meine Mutter im Krankenhaus besucht, und da sagte die Krankenschwester zu mir: Ich bin eine alte, erfahrene Krankenschwester. Ihre Frau Mutter ist bereit zu sterben. Wenn Sie jetzt in das Zimmer gehen oder sich auch nur hier im Flur aufhalten, dann hindern Sie Ihre Mutter unbewußt am Sterben. Falls Sie Ihre Mutter lieben, dann entfernen Sie sich jetzt.«
Das tat sie, hinterließ die Telefonnummer einer Freundin, zu der sie fuhr.
»Nach zehn Minuten kam ich da an, die Freundin öffnete mir schon die Tür mit diesem Gesicht, na, Sie wissen

schon, diesem hilflosen, verlegenen Gesicht. Ich begriff also, meine Mutter ist tot. Dann bin ich sofort zurück ins Krankenhaus, hab' die Mutter dort gesehen, tot, ganz friedlich, ein Kissen unterm Kinn, damit der Kiefer nicht runterfällt. Und dann bin ich nach Hause. Aber es war keiner da. Da hab' ich sämtliche Schlaftabletten, die ich finden konnte, genommen.«

Frau Künnecke entzündet mit dem Einwegfeuerzeug die achte Zigarette.

»Und wenn Sie mich jetzt fragen, warum, dann kann ich Ihnen das nicht beantworten. Ich weiß es nicht.«

Wann sie die anderen Suizidversuche unternahm, hat sie vergessen. Oder mag sich nicht erinnern.

Mit sechzehn verließ Evelyn das Elternhaus, nein, sie brannte mit einem Jugendfreund durch, heiratete im schottischen Hochzeitsparadies Gretna Green, wo auch Minderjährige, selbst wenn sie Ausländer waren, vom Dorfschmied rechtskräftig getraut werden konnten, versuchte sich als Fotomodell, wurde vom Regisseur Geza von Cziffra für einen Revuefilm mit Johannes Heesters entdeckt. Ein abenteuerliches Leben. Sie war dreimal verheiratet.

Der erste Mann, ein amerikanischer Jude, der kein Wort Deutsch konnte, war schwul. Die Ehe hielt entsprechend. Nach ein paar Monaten war sie geschieden. Trotzdem, er ist der Vater ihrer Tochter. Sie hat sie nie gesehen, weil der Vater sie in die USA mitnahm.

»Ich weiß nur, daß sie Ärztin ist. Das ist alles.«

Ich betrachte das Bild des nackten Rosa von Praunheim, das über der Vitrine hängt. Selbst gemalt.

»Sie waren verlobt mit ihm. Haben Sie ihn jemals nackt gesehen?«

»Nein«, sagt sie energisch, »Röschen hab' ich nach einem Foto gemalt. Ich seh' nicht so schrecklich gern nackte Männer.«
»War die Verlobung mit ihm bloß ein PR-Gag?«
»Das war's nicht, obgleich wir die PR ausgenutzt haben. Wer macht das nicht? Fast hätten wir auch geheiratet, aber Rosa war das unangenehm. Es war eine Beziehung ohne Sex.«
Ich möchte wissen, ob sie ihn geliebt hat. Sie antwortet ausweichend:
»Für mich sind schwule Männer auch Männer und haben ein Recht, respektiert zu werden. Das wollte ich mit meiner Verlobung zeigen.«
»Haben Sie jemals mit einer Frau geschlafen?«
»Bäh! Entsetzlich. Mir wird schlecht. Viele Frauen waren hinter mir her. Ich mag Frauen, aber fürs Bett, nee.«
Sie gießt Pulverkaffee aus der Isolierkanne nach und entzündet die ich weiß nicht wievielte Zigarette.
»Für Sex hab' ich immer nur ein sehr geringes Interesse gehabt. Ein Trieb, sonst nichts. Mit den Männern hab' ich auch immer nur geschlafen, weil ich dachte: Ach Gott, die freuen sich so, nun mach es mal. Aber es war mir eher lästig.«
Eine Boulevardzeitung posaunte einmal: Evelyn Künnecke machte Sex mit dreihundertfünfzig Männern.
»Ach was, das war nur so als Fressen für die Presse gedacht. Und die haben sich draufgestürzt.«
»Wieviel waren es denn wirklich?«
»Weiß ich nicht mehr. Aber wie bei jeder gesunden Frau so ungefähr hundert.«
Unter ihnen waren auch Frank Sinatra und Rainer Werner Fassbinder.

»Er war der letzte Mann, mit dem ich geschlafen habe. Er hat mich auf eine sehr direkte und zärtliche Weise verführt, obwohl er nur auf Männer stand.«
Frankieboy gastierte 1949 in Paris und lernte dort die achtundzwanzigjährige Schönheit kennen. Sie soll vier Tage und Nächte mit ihm im Bett verbracht haben.
»Unsinn. Ich war mit Michael Jary in Paris. Wir wollten den Film ›Ein Amerikaner in Paris‹ angucken, der ganz neu war. Aber Michael verschwand immer wieder von meiner Seite für ein paar Stunden. Der hatte da noch eine heimliche Freundin, von der er nicht lassen konnte. Als wir in einer Bar saßen, Champagner tranken und ich aufs Klo wollte, verstellte mir Sinatra den Weg und sagte: ›Hallo, Rotkäppchen, wie wär's mit uns?‹ Ich ließ den Jary sitzen und ging mit ihm aufs Zimmer. Aber wir waren zwei Kümmerer, die sich gegenseitig über ihren Liebeskummer unterhielten. Ich über den untreuen Michael Jary und er über Ava Gardner, in die er so schrecklich verliebt war.«
»Nur geredet? Wie traurig.«
»Sicher, wir haben nicht nur geredet, aber hauptsächlich. Wirklich. Wir waren vier Tage im ›Hotel George V.‹. Und das war's dann.«
»Und wie war er?«
»Warum soll ich seine Potenz nicht loben? Später hat er gesagt, ich könnte gut küssen.«
Ausführlich erzählt sie, daß sie körperliche Berührungen sonst aber verabscheut, sie seien »absolut überflüssig. Ich hasse Körperkontakt. Das ist mit mir nicht zu machen. Ich beiße dann. Ich bin eine Friesin, die machen so was nicht. Und mein Vater war auch Friese.«
»Haben Sie jemals einen Orgasmus erlebt?«

»Doch, doch. Für mich ist ein Orgasmus das kleinste Übel, äh, ich meine, die kleinste Hürde, weil ich ein Zwitter bin. Ich bin ein Hermaphrodit.«
»Wieder ein Fressen für die Presse?« lache ich.
»Keineswegs.« Sie verzieht keine Miene. Es ist offenbar ihr Ernst.
»Ich hab' männliche Samenstränge mit kleinen Hoden neben meinen Eierstöcken.«
Mein skeptischer Blick ärgert sie. Sie erhebt sich etwas mühsam aus dem Sessel.
»Wollen Sie sich bitte mal meine nicht vorhandenen Hüften angucken?« Sie umfaßt ihren Körper mit beiden Händen. »Sehen Sie, ich hab' 'nen männlichen Unterkörper. Das hier am Bauch ist nur Fett, aber der Unterkörper ist schlank wie bei einem Mann. Alles straffes Bindegewebe. Maskulines Bindegewebe. Ich bin immerhin zweiundsiebzig.«
Sie setzt sich wieder, ohne daß ich angefaßt hätte, und entzündet eine weitere Zigarette.
»Meine Hoden produzieren keinen Samen, aber Testosteron, das männliche Sexualhormon, und wenn Sie das produzieren, können Sie auch jederzeit 'nen Orgasmus produzieren.«
»Sie haben sich ärztlich untersuchen lassen?«
»Aber sicher doch. Rausgekommen ist das bei einer Nierenuntersuchung. Da war ich dreiunddreißig. Der Arzt hat mir damals gesagt: ›Wir haben Ihnen die Nebenniere rausnehmen müssen. Aber sind Sie froh, daß die raus sind, denn das Testosteron gleicht die fehlende Nebenniere wieder aus. Hätten Sie beides noch drin, würden Sie in den Wechseljahren 'nen Bart kriegen und 'ne tiefe Männerstimme.«

Ich muß wohl immer noch recht skeptisch geschaut haben, sonst hätte sie mir nicht die Namen der Professoren aufgezählt, die immer wieder ihre anatomische Extravaganz bewunderten.
Es rumort an der Wohnungstür. Sie ruft laut:
»Hallo, wer ist das?«
Ein schüchterner junger Mann, der Frau Künnecke im Haushalt hilft und dem sie die Wohnungsschlüssel anvertraut hat, kommt herein, bringt zwei Stangen Zigaretten.
»Nimm dir Geld. Das Portemonnaie liegt auf dem Küchentisch.«
Evelyn Künnecke sang im Zweiten Weltkrieg vor deutschen Soldaten an der Front. Das hat ihr später sehr geschadet. Zeitungen wollten sie in den letzten Jahren als Nazi abstempeln. Sie verteidigt sich energisch und temperamentvoll.
»Meine Großmutter war Jüdin. Eine Baronin Rothschild aus der französischen Linie. Meine Mutter russische Großfürstin und Halbjüdin, und die Nazis haben von meinem Vater verlangt, daß er sich deshalb scheiden läßt. Hat er natürlich abgelehnt. Und ich durfte bei der Olympiade 1936 in Berlin nicht starten, weil ich Vierteljüdin bin.«
Ich erfahre, daß die singende Schauspielerin seit ihrer Kindheit Leistungsschwimmerin war, so erzählt sie es.
»Ich war Europameisterin im Brustschwimmen und viel schneller als die Olympiasiegerin Gisela Arendt, die die Silbermedaille gekriegt hat. Sie ist in der Viermal-hundert-Meter-Staffel vier Minuten 36,8 geschwommen und ich 36,2. Aber ich durfte trotzdem nicht in die deutsche Mannschaft.«

Immerhin war sie, was sie sehr ungern zugibt und in ihren Memoiren verschweigt, Pilotin der deutschen Luftwaffe.
Als ich versuche, sie darüber zu befragen, hustet sie kräftig und klopft ungeschickt ein paar Krümel von ihrem Hausanzug.
»Ich hab' gern vor deutschen Soldaten gesungen. Längst nicht alle waren Nazis. Die Jungs wurden doch einfach eingezogen. Es gab ja auch keinen Ersatzdienst. Schließlich haben sie ihren Kopf auch für mich hingehalten. Deutschland gehörte nicht ausschließlich den Nazis, sondern auch uns anderen Deutschen. Kann man mir verübeln, daß ich mein Vaterland liebe, mit all seinen Schwächen?«
Ich hatte es anders gemeint.
»Sie waren Pilotin und sind im Krieg geflogen.«
»Ja, ja«, sagt sie tonlos.
»Ich bin Heinkel- und Junkers-Maschinen geflogen. Meist zweimotorige. Wir haben Aufklärungsflüge gemacht. Meistens über Holland. Mich hat man dazu verpflichtet, weil man dazu leichte, schlanke Piloten braucht. Die Maschinen müssen gut zu dirigieren sein, denn unter Umständen muß man die auch mit ausgeschaltetem Motor runterbringen. Wenn man das kann. Dazu müssen Sie sehr tief fliegen. Das ist das Schwerste. Deshalb hat die Luftwaffe Kunstflieger genommen. Und ich war einer.«
Wie kommt eine junge Frau dazu, neben Singen, Tanzen und Klavierspielen einen Flugschein zu machen?
»Ich kann doch nicht aus dem Hochadel abstammen, einen stolzen friesischen Vater haben und als Nigger behandelt werden. Das geht doch nicht.«

Ich versuche, ihr mein Unverständnis deutlich zu machen.
»Das ist doch ganz einfach. Aus dem Hochadel stammen, stolz sein und dann nicht ganz arisch sein, das läßt sich doch ein Mensch meiner Herkunft nicht bieten. Ich hab' gesagt: Ich bin kein Nigger, sondern ein Edelmensch, und das werd' ich euch jetzt mal beweisen. Ich fliege.«
»Sie wollten aller Welt zeigen, daß Sie ein Kerl sind und in die Maschine steigen?«
»Ganz genau. Das ist die Arroganz des Adels.«
»Aber mußte es denn ausgerechnet die Luftwaffe sein?«
»Das kam durch Hermann Göring, der war ja Oberbefehlshaber der Luftwaffe und mit meinem Vater befreundet. Der war sein großer Gönner und hat mich als Pilotin verpflichtet. Ich mußte einfach, durfte aber gleich als Leutnant anfangen. Ich kam also auf den Fliegerhorst, die haben mir die Maschine erklärt, und ich konnte sofort losfliegen. Von Göring persönlich hab' ich auch das EK 1 und EK 2 [Eisernes Kreuz erster und zweiter Klasse, deutscher Kriegsorden] bekommen. Weil ich zweimal an der holländischen Grenze meine abgeschossene Maschine runtergebracht habe. Und die konnte man danach noch benutzen.«
»Eine Heldentat fürs Vaterland.«
»Wir sind in dreihundert Metern Höhe geflogen und waren angeschossen. Ich hab' dem Fotografen gesagt, der hinter mir in der Kanzel saß: ›Wenn wir jetzt den Fallschirm öffnen, sind wir unten tot. Das ist zu niedrig für 'nen Absprung.‹ Also dachte ich, es ist besser, wir machen 'ne Bruchlandung, dann bleiben wir vielleicht am Leben. Natürlich mußten wir das Benzin ablassen,

damit das Flugzeug nicht explodiert, wenn's unsanft unten ankommt.«

Sie schlägt mit der flachen Hand auf den Tisch, daß der Kaffeebecher zittert. Der pompöse Reichsmarschall und der mit einer Halbjüdin verheiratete Operettenkomponist gute Freunde. Wie das?

»Ich werd's Ihnen sagen. Beide Herren waren Morphinisten und wußten das natürlich voneinander. Göring hat meinem Vater aus Sympathie auch den Paragraphen 51 geben lassen, verminderte Zurechnungsfähigkeit, verstehen Sie? So durfte er im Krieg soviel meckern, wie er wollte, die konnten ihm nichts tun. Nach dem Krieg hatte er dann die größte Schwierigkeit, diesen Jagdschein wieder loszuwerden.«

»Wie ist Ihr Vater an das Morphium gekommen?«

»Ganz einfach. Er war nicht nur Musiker, sondern auch Arzt. Er mußte also nur in die Apotheke gehen. Ganz legal. Natürlich schrieb er das Rezept auch schon mal auf andere Namen aus, zum Beispiel auf meinen, so daß ich auch in die Kartei der Morphinabhängigen kam. Im Krieg hab' ich ihn beim Rauschgiftdezernat angezeigt und ihn in der Berliner Staatlichen Nervenklinik einsperren lassen, um ihn entgiften zu lassen. Nachher hat er sich dafür bedankt. Da kriegte er sogar ein Einzelzimmer mit Flügel und Schreibtisch. Als er wieder rauskam, hat er mir gesagt: ›Mein liebes Kind, du hast es gut gemeint, aber ich hab' nirgendwo soviel Morphium bekommen wie in der Anstalt.‹ Ich fragte: ›Und von wem hast du das gekriegt?‹ – ›Dreimal darfst du raten‹, hat er gesagt. ›Von meinem alten Freund Hermann.‹«

»Was haben Sie noch angestellt im Krieg?« möchte ich wissen.

»Na, außer Singen eigentlich nichts. Das andere hab' ich Ihnen ja erzählt.«
»Sie haben als Pilotin niemals töten müssen?«
»Darüber spreche ich nicht.«
Wieder nestelt sie am Oberteil des Hausanzuges herum, entfaltet ein Papiertaschentuch, das sie aus einer der Handtaschen kramt, um einen Kaffeefleck zu entfernen.
»Wenn ich darüber rede, bin ich hinterher drei Tage krank.«
Sie entflammt schließlich erneut eine Zigarette.
»Ich kann Ihnen nur sagen, daß ich mein Augenlicht dabei verloren habe. Für sechs Wochen. Und als ich wieder sehen konnte, mußte ich diese dicke Brille tragen.«
Sie nimmt sie ab, putzt sie mit dem Papiertuch.
»Eine psychosomatische Erblindung durch seelischen Schock. Sehnerventzündung. Danach wurde ich vom Dienst befreit. Nicht mal mehr Bürodienst mußte ich machen. Göring hat gesagt: ›Gut, wir entlassen Sie in Ehren mit Ihren hohen Orden.‹ Na ja.«
»Etwas Furchtbares haben Sie erlebt?«
»Es war im Mai 1940. Es fehlte ein Pilot zu einem Einsatz. Und da ich ja Kunstpilot war, konnte ich auch einen Stuka bedienen. Kein Problem.«
»Einen Sturzkampfbomber.«
»Da konnte man nicht sagen: ›Ich fliege keinen Stuka.‹ Das gab's nicht. Die haben mich abkommandiert, mir die Bedienung gezeigt, wie die Bombenklappen aufgehen und so. Und dann hab' ich das gemacht.«
»Was?«
Sie hat Mühe fortzufahren.
»Ich mußte einen Einsatz fliegen über Rotterdam. Und

ich wußte, wenn ich den Hebel drücke und beim Sturzflug die Auffangvorrichtung einsetzt, also wenn die Maschine auf fünfhundert Meter gefallen ist, dann ...«
Sie zögert, blickt mich nicht mehr an.
»... dann öffnen sich die Bombenklappen. Das geht automatisch. Mit der Hand konnte ich das gar nicht machen. Die Maschine gibt einen starken Ruck, begradigt sich, und die Bomben fallen unten raus. Brandbomben. Ich konnte das Feuer unter mir sehen. Furchtbar.«
Es folgt ein Schluck aus dem Kaffeebecher, dann die Zigarette.
»Ich hab's Ihnen jetzt gesagt. Nun ist genug.«
Es war Dienstag nach Pfingsten. Evelyn Künnecke steuerte eines von neunzig Flugzeugen. Die historische Innenstadt von Rotterdam ging völlig in Flammen auf. Es war die erste Vernichtung einer Stadt aus der Luft nach Guernica. Die Welt war empört über das barbarische Kriegsverbrechen, bei dem über tausend Menschen verbrannten. Mit ihrem Bomber Ju 87, gefürchtet wegen seiner Zielgenauigkeit und der eingebauten, furchterregenden Motorsirene, der »Trompete von Jericho«, kam sie auf den Fliegerhorst in Westfalen zurück. Als »Heldin«?
Göring empfahl sie nach ihrer Genesung dem Chef des militärischen Geheimdienstes Admiral Canaris, bei dem sie zur Spionin ausgebildet wurde. Trotz der Brille.
»Nein, ich will davon nicht erzählen«, sagt sie.
Ich schweige und lasse ihr Zeit.
»In Berlin-Grunewald hab' ich die Ausbildung zur Agentin bekommen. Das war nicht komisch, kann ich Ihnen sagen. Wir haben an Puppen das Töten geübt. Man hat uns die Handkante der rechten Hand mit Kreide markiert, damit unsere Ausbilder kontrollieren konnten, ob wir die töd-

lichen Stellen auch wirklich treffen. Da gab's dann einen weißen Abdruck an der Puppe. Hier an dieser Stelle.«
Sie zeigt ihre Halsschlagadern, rechts und links.
»Wir mußten üben und üben, bis wir's im Schlaf konnten. Auch Taschendiebstahl und vor allem Nahkampf mit dem Messer, Scharfschießen und Karate. Das ging ein oder zwei Jahre. Canaris mochte mich sehr und hat dafür gesorgt, daß ich hinterher nicht eingesetzt wurde. Da hab' ich Glück gehabt.«
»Hat sich Canaris in Sie verliebt?«
»Doch, das kann gut sein. Ich war ja sehr schön. Aber das ist lange her.«
Als sie bemerkt, daß ich hungrig bin, bereitet sie liebevoll und in Windeseile ein kleines Mittagessen. Käsebrote und Spiegeleier.
»Was ist aus Ihrem Vater geworden? Ist er vom Morphium losgekommen?«
»Leider nicht. Seine Freundin, die er neben meiner Mutter hatte, war ja auch Morphinistin und ist auch ganz elend daran zugrunde gegangen. Als mein Vater im Oktober 53 ins Krankenhaus kam mit fürchterlichen Bauchschmerzen, hat ihm ein wohlmeinender Freund zehn Ampullen Morphium gebracht. Und die hat er auf einmal genommen. Zehn Ampullen. Wissen Sie, wieviel das ist? Daran ist er natürlich gestorben. Richtig erstickt. Ob er sich auf diese Weise umgebracht hat, wissen wir nicht.«
»Hätte er denn einen Grund dafür gehabt?«
»Ja, es könnte sein. Wegen der Sucht. Vielleicht war's aber auch wie bei mir. Er hatte einfach keinen Spaß mehr am Leben.«
Evelyn Künnecke versucht noch mal, den Kaffeefleck vom Oberteil des Hausanzuges zu entfernen. Dazu an-

gelt sie aus einer der Handtaschen eine Spraydose K2R. Das weiße Pulver verteilt sich auf dem dunklen Stoff.
»Nein, es geht nicht raus«, seufzt sie, »na ja. Ist ja auch egal.«
Der schwarze, dicke Kater schleicht lautlos durchs Zimmer.

Thomas Mann

GOLO MANN

Historiker, Schriftsteller

Geboren am 27. März 1909 in München als Sohn von Thomas Mann und Katharina (Katia). Er war das dritte von sechs Kindern. Nach dem Besuch der Schule in Schloß Salem am Bodensee Studium der Philosophie in München, Berlin, Heidelberg und Promotion bei Karl Jaspers über Hegel (1932). 1933 emigrierte er zusammen mit seiner Familie in die USA, wurde Lektor für Deutsche Literatur und Geschichte an der Ecole Normale Supérieure in St-Cloud, dann an der Universität Rennes. 1937–1940 redigierte er in Zürich die Zeitschrift »Maß und Wert«, lehrte dann als Geschichtsprofessor 1942–1943 am Olivet College/USA und 1947–1957 am Claremont Men's College in Claremont/Kalifornien. Ende der fünfziger Jahre kehrte er nach Europa zurück und ließ sich im Haus seines Vaters (gestorben 1955) in Kilchberg bei Zürich nieder, wo auch seine Mutter (gestorben 1980) lebte. Lehrte in Münster und Stuttgart, gab aber 1964 seine Professur aus Gesundheitsgründen auf und arbeitet seitdem als Historiker und freier Schriftsteller. 1993 erhält er das Bundesverdienstkreuz.
Schrieb u. a. »Deutsche Geschichte des 19. und 20. Jahrhunderts« (1958), »Wilhelm II.« (1964), »Von Weimar nach Bonn« (1970), »Wallenstein« (1971), »Konrad Adenauer« (1986), »Erinnerungen und Gedanken – Eine Jugend in Deutschland« (1986), Herausgeber der »Propyläen Weltgeschichte«.
Er lebt in dem Zwölf-Zimmerhaus in Kilchberg und in Leverkusen.

Zwei Hunde springen bellend im Garten herum. Das Einfamilienhaus sieht fast aus wie die Villa am Züricher Kilchberg en miniature, wo Golo Mann eigentlich lebt. Hier in Leverkusen ist er nur zu Gast. Bei seiner Schwiegertochter.
»Ich wußte nicht, daß Golo Mann einen Sohn hat«, sagte ich am Telefon, als wir den Interviewtermin für heute ausmachten.
»Nein«, klärte mich Frau Beck-Mann auf, »Golo hat meinen Mann, den Herrn Beck und dann später auch mich adoptiert. Mein Mann ist vor sieben Jahren gestorben.«
Frau Beck-Mann, eine freundliche Frau von Mitte Fünfzig, öffnet die Tür und kommt über den Rasen zu mir an die Gartentür. »Keine Angst, die Hunde tun niemandem was.«
Im Wohnzimmer an einem runden, leeren Eßtisch sitzt ein kleiner, alter Mann, mit einer Hand stützt er sich auf einen Krückstock, dessen Griff mit einer weißen Mullbinde umwickelt ist. Die andere liegt reglos auf dem leinenen Tischtuch. Er beginnt sofort zu reden.
»Ach, bei Jaspers haben Sie studiert. Ich habe in Heidelberg bei ihm promoviert. Er war ja entsetzlich geizig. Aber einmal hat er mich zum Essen eingeladen. Ich war richtig stolz auf diese seltene Ehre.«

Er lacht und erhebt sich sehr mühsam. Mit winzigsten Trippelschritten durchquert er den Raum, um zum Sofa zu kommen. Immer zu Boden blickend. »Ich muß aufpassen, daß ich nicht über einen Teppich falle. Mein linkes Knie ist kaputt.«

Meine Hilfe beim Laufen aber lehnt er ab, quält sich auf das weiße Sofa, Frau Beck bringt auf einem Silbertablett Tee mit Zucker und Süßstoff und läßt uns wieder allein.

»Ich schäm' mich«, sagt er über seine Krankheit, »aber was soll ich machen? Es ist nicht möglich, noch viel zu ändern.«

Am meisten entbehrt er wohl das Wandern, wie er es in Kilchberg gern getan hatte.

Natürlich will ich wissen, ob er noch schreibt.

»Ich mache immer irgendwas. Wenn ich nichts machen würde, wo käme ich denn da hin?«

»Und was schreiben Sie gerade?«

»Ich mache Ordnung. Am zweiten Band von ›Eine Jugend in Deutschland‹, na ja, da bin ich, fürchte ich, nicht dran.«

Er erzählt von München, die Stadt, in der er seine Kindheit verbrachte. Sein Vater Thomas hatte sich dort nach dem Erfolg des »Zauberberg« im Herzogpark eine Stadtvilla bauen lassen.

»Ich habe mich in dieser Stadt nie so recht wohl gefühlt. Sie war mir nicht lieb.«

Ich möchte erfahren, warum nicht.

Golo Mann weicht der Frage aus und erzählt von der Universität.

»Die haben dort ein Mahnmal für die Gefallenen des Weltkrieges gebaut. Und zwar direkt dort, wo die Leute mit ihren Autos vorbeirasen. Da macht man das doch nicht. Das war eigentlich so der Geist, der mir dort nicht so behagte.«

Dann aber erzählt er doch vom Elternhaus, vom eisig strengen Ritual des täglichen Mittagstisches im Hause Mann. Die Kinder mußten schweigen, durften nur sprechen, wenn der Vater es ihnen ausdrücklich erlaubte oder sie fragte. Das änderte sich auch nicht, als sie längst erwachsen waren, und nach dem Tod des Vaters 1955 übernahm die Mutter die Herrschaft am Tisch. Sie aß derart schnell und klingelte nach dem Hausmädchen, als sie alles heruntergeschlungen hatte. Es wurde rücksichtslos abgeräumt. Oft kam es vor, daß die Kinder hungrig blieben und nach Zürich in das Restaurant »Löwe« fahren mußten, um dort in Ruhe zu essen.

Alle Mitglieder der Familie mußten sich schweigend im Hause bewegen, die Kinder durften nicht spielen, »morgens, weil er schrieb, nachmittags, weil er da las und abends, weil er wieder irgendwie beschäftigt war und dann zu Bett ging«, erinnert sich der alte Herr.

Wenn er vom Vater spricht, verwendet er immer nur das Kürzel TM. Und wenn er von der Mutter spricht, nennt er sie oft nur Katia, so als wäre sie eine entfernte Verwandte gewesen.

Wegen ihrer Tuberkulose war sie fast immer abwesend und in Sanatorien in den Alpen, auf dem »Zauberberg«. Erzogen wurde er von wechselnden Kindermädchen, die ihre Launen vom Vater unkontrolliert an ihm und seinen fünf Geschwistern auslassen durften.

»Ich habe Katia erst kennengelernt, sie gemustert und ihr geholfen, als sie eine alte Dame war.«

Katja, die Frau mit den tiefschwarzen Augen und dem

strengen Gesicht eines Mannes wurde sechsundneunzig und überlebte fast alle ihre Kinder. Golo mußte sie immer wieder in die Ferien begleiten. Sie konnte nicht allein sein.

»Das hatte früher immer Erika machen müssen. Aber die beiden mochten sich nicht. Und hatten sich auch wenig zu sagen, trotzdem mußte Erika stets mit ihr fahren. Da hab' ich dann gesagt: Laß das, es hat doch keinen Zweck, ich tu' das für dich.«

»Die Mutter war distanziert zu Ihnen?«

»Ob sie distanziert war oder ich oder wir beide. Schwer zu sagen. Alles, was ich tun konnte, war, es ihr so nett wie möglich zu machen. Mehr konnte ich nicht tun. Punktum.«

»Waren Sie dabei, als sie starb?«

Mit einem kurzen, sehr scharfen Blick streift er mich und sieht dann zur Seite. Er schweigt. Sehr lange.

»Ich erinnere mich nicht«, sagt er schließlich fast unhörbar und schweigt wieder.

Ich sage auch nichts, höre nur, wie die Hunde durch das Zimmer tollen und ihre Krallen auf dem Parkett kratzen.

»Sie wollte nichts mehr essen. So fing es an. Zwei grobe Damen haben ihr Essen eingeflößt. Aber sie hat gesagt: ›Bitte nichts mehr. Ich will nicht mehr. Ich will nicht mehr.‹ Ich hab' es selbst gehört. Mittlerweile hab' ich einen Spaziergang gemacht, ich wollte nicht bei der ganzen Sache dabeisein. Als ich zurückkam, war sie schon verschieden. Sie wollte einfach nicht mehr.«

Er greift zur Teetasse, nimmt einen winzigen Schluck und sagt tonlos: »Sie hatte den anderen nichts mehr zu sagen und sich selbst auch nicht.«

Wieder langes Schweigen. Plötzlich schreit er unvermittelt mit einer hohen Stimme auf:
»Pah!« und verzieht schmerzhaft das Gesicht.
Fährt dann aber in seiner normalen Tonlage sehr kühl fort:
»Das ist das Natürlichste auf der Welt. Ich hab' es da beobachtet. Sie hatte genug. Da haben wir sie halt begraben in so einem richtigen Großgrab.«
»Wollen Sie auch dort beerdigt werden?«
»Nein«, sagt er jetzt laut und entschieden, »ich lasse mich ganz, ganz getrennt begraben. Ich möchte auf keinen Fall in das Familiengrab.«
Dann etwas gedämpfter:
»Das ist, nebenbei bemerkt, ohnehin übervoll. Kurz und gut, es ist mir zu groß. Ich bin der Meinung, nach dreißig Jahren weg damit. Ich muß ja nicht fünfzig Jahre da liegen in einem kleinen Kästchen. Schluß damit. Streusand drauf.«
Er möchte verbrannt werden.
»Ich nehme einen anderen Platz. Vielleicht am Starnberger See auf einem schönen Stück Land. Ein Freund hat mir da ein kleines Stückchen Land gegeben mit einem Häuschen drauf.«
Todessehnsucht und Selbstmorde gehörten in der Familie Mann fast schon zur Normalität. Golo ist damit aufgewachsen, obgleich er, wie er mir sagt, niemals versucht hat, sich selbst zu töten.
Die beiden Schwestern des Literatur-Weltstars Julia und Carla begingen Selbstmord. Golos Tante, die Ehefrau von Heinrich Mann, eine Alkoholikerin, machte ebenso ihrem Leben ein Ende wie sein jüngerer Bruder Michael, von dem Thomas schrieb, er hätte ihm gegen-

über »Fremdheit, Kälte und Abneigung« empfunden. Golo Mann erzählt, wie sein achtjähriges Brüderchen unter dem Weihnachtsbaum eine der Krippenfiguren versehentlich kaputtmachte und Vater Thomas empört ausrief: »Was hat der Junge hier überhaupt zu suchen. Unter dem Christbaum am Heiligen Abend!«
Auch Golos um drei Jahre älterer Bruder Klaus brachte sich um. In Cannes, mit Schlaftabletten. Der weltberühmte Vater, damals im Mai 1949 auf einer Vortragstournee in Stockholm, unterbrach seine Reise nicht, um zur Beerdigung seines Sohnes zu fahren. Er beklagte das »Kränkende, Unschöne, Grausame, Rücksichts- und Verantwortungslose« des einsamen Todes seines Sohnes, den er einmal so sehr geliebt hatte. Über ihn hatte er geschrieben:
»Ich finde es sehr natürlich, daß ich mich in meinen Sohn verliebe.« Als dann aber klar wurde, daß der Sohn die tief mit Angst beladene Sexualität des Vaters wirklich auslebte, ließ er Klaus fallen.
»Ja, ja«, sagt Golo, »bei Klaus war das eigenartig. Er hat immer was genommen. Er nahm hier eine Droge und da eine Droge. Da es mit der deutschen Literatur nach dem Kriege sehr mager stand, hätte er sich durchsetzen können, aber wegen der Drogen hat ihn das nicht mehr interessiert, hat sich, statt zu schreiben, einfach aufs Ohr gelegt und ist eingeschlafen. Nicht mehr aufgewacht. Hat sich richtig eingeschläfert. Erika hat das sehr bedauert. Sie war ja seine große Freundin.«
Die Geschwister, ein Inzestpaar, wovon die Familie wußte, worüber man aber schwieg, hatten sich immer mehr voneinander entfernt, weil Erika sich an ihren Vater hielt und Klaus zusehends vereinsamte.

»Er wollte nicht mehr«, sagt Golo Mann mit einem Augenaufschlag, »das war für ihn das Bequemste. Na ja.«
»Haben Sie mit Klaus offen über Ihre Sexualität reden können? Er liebte ja ebenfalls Männer.«
»Nein, das haben wir nicht getan. Weder mit Klaus noch mit den anderen hab' ich darüber geredet. Mein Bruder war in diesen Dingen sehr aktiv im Gegensatz zu mir. Er ist in diesen endlosen, verstaubten Straßen herumgewandert, um diesen oder jenen Jungen wiederzutreffen. Ich hab' das auch ein paarmal ge...« er bricht das Wort ab und fährt schnell fort, »nein, ich hab' das nie gemacht. Ich hab' es nur manchmal gemacht im eleganten Haus meiner Eltern, als sie verreist waren.«
Er erzählt, wie er einmal einen jungen Mann ins Elternhaus eingeladen habe, »aber er ist nicht wiedergekommen«. Er kichert wie ein verlegener Teenager, so als wäre es gestern gewesen, obwohl es ja nun schon fünfundsechzig Jahre her ist. Und passiert ist ja damals auch nichts. »Es war vielleicht auch besser, denn es war ja die Gefahr, daß das Zimmermädchen es der Katia erzählte.«
»Können Sie sich an Ihr erstes Liebesabenteuer erinnern?«
»Schwer zu sagen. Es war in München. In der Gegend, in der wir wohnten, gab's nur eine Volksschule und keine Schule für die feinen Kinder. Erika und Klaus mußten also auf die andere Seite der Isar gehen, nach Schwabing. Für den Weg brauchten sie ein Kinderfräulein, das immer eine ganze Gruppe von Kindern hinüberbrachte. Einmal haben sie mich mitgenommen. Und da war ein Junge, der mir sehr gefallen hat. Ich war acht und wußte nicht, was das war, aber er hat mir gefallen. Vom Bruder

meiner Mutter hatte ich einen Zuckerkandis bekommen, und den hab' ich meinem Bruder Klaus zugesteckt und gesagt: ›Gib du ihm das, gib ihm das von mir.‹ Der Junge hat's auch genommen, und ich hab' Klaus dann natürlich gefragt: ›Was hat er gesagt?‹ Klaus hat gesagt: ›Ach, es hat ihm ganz gut geschmeckt.‹ Und mehr war es nicht. Ich hab' ihn nie wieder gesehen.«

Die Liebe zum eigenen Geschlecht war nicht nur für den schüchternen, streng erzogenen Golo stets ein tiefes Problem, sondern auch für seinen Vater.

Thomas hat in seinen Tagebüchern, die aber erst lange nach seinem Tod erscheinen durften, von quälenden homosexuellen Wünschen und Angstträumen berichtet. Noch mit fündundsiebzig verliebte er sich in einen neunzehnjährigen Kellner des Zürcher Hotels »Dolder«.

»Im Garten Münchner Kellner. Hübsch«, schrieb er. »Noch einmal also dies, die Liebe. Nervöse Erwartung, stündliche Träumerei . . .«

Der greise Nobelpreisträger steckte dem Jungen zwar jedesmal, wenn der ihn im Lift bis zu seiner Zimmertür begleitete, ein Fünffrankenstück in die Tasche seiner Weste. Doch die Liebe blieb platonisch, sogar unausgesprochen, er empfand schließlich nur noch »entbehrende Trauer und Schmerz«.

Golo war vier Jahre alt, als TM die Erzählung »Der Tod in Venedig« schrieb. Sie basiert auf der unerfüllten Liebe seines Vaters zu einem hübschen dreizehnjährigen Polen. Er machte das Kind in der Novelle zu Tadzio, sich selbst zu Gustav von Aschenbach, der schließlich unglücklich verendet.

»Haben Sie davon später etwas mitbekommen?« frage ich.

»Nein, nein«, sagt Golo abfällig, »ich hab' mich darum nicht gekümmert.«
»Und Ihre Mutter?«
»Ach, die hat sich eigentlich nicht viel daraus gemacht. Ich glaube nicht, daß sie das sehr gekränkt hat. Sie hat ihn schon machen lassen.«
Ich frage noch einmal nach dem ersten wirklichen Liebeserlebnis.
»Mein Bruder Klaus konnte sich viel stärker verlieben als ich. Den mußte ich manchmal stützen, wenn er von einem Freund allein gelassen wurde und sehr traurig war.«
»Und Sie?«
Er seufzt: »Ich hab' mich nicht oft verliebt. Ich hab' es sehr oft für mich behalten, das war vielleicht ein Fehler. Es war ja auch verboten, selbst in Amerika, und man mußte schon ein bißchen achtgeben. Auf Schiffen war das schon leichter möglich.«
Er rührt im Tee und erinnert sich an ein Erlebnis aus der Zeit, als die Familie als Emigranten in einem Vorort von Los Angeles lebte:
»Was ich gesehen habe, aber wirklich nur gesehen. Es war auf einem Schiff, mit dem die Leute Rundfahrten von ein, zwei Tagen machen konnten. Drei oder vier Matrosen haben auf so einem Schiff einen anderen an den Mast gebunden und dann ausgepeitscht. Das war eine Strafe, die sie sich für ihn ausgedacht hatten.«
»Als Strafe für seine Homosexualität?«
»Aber nein! Es war eine Spielstrafe, ein erotischer Spaß. Ringsherum standen Leute, die gar nicht wußten, worum es sich handelte.«
Er lacht so, als habe er das aufreizende Vergnügen von damals noch sehr lebhaft vor Augen.

Ich erinnere mich an eine Bemerkung seines Bruders Klaus aus dessen Tagebuch. »Golo«, schreibt er, konnte sowohl »tückisch als auch unterwürfig« sein und hatte einen »masochistischen Hang zur Demütigung«.
Frau Beck bringt neuen Tee und etwas Gebäck. Der Professor fängt an, ein Erlebnis zu erzählen, das offenbar die Antwort auf meine Frage ist. Er hatte einen »sehr netten jungen Engländer, den ich sehr mochte«, zu sich in die elterliche Villa eingeladen. Sie saßen zusammen, redeten und tranken etwas. Außer Händchenhalten geschah nichts.
»Schließlich aber holte sich der Junge einen anderen von irgendwoher. Und dann hat er einfach ganz frech das Bett meines Vaters requiriert. Ich hab' dann nur noch gesagt: ›Aber Kinder, ihr müßt sauber sein.‹ Aber der schöne Engländer hat nur gelacht: ›Oh, ich bin geschickt.‹ Ich hab' natürlich nachher nicht nachgeprüft, ob er wirklich so geschickt war.«
Der kleinere, offenbar jüngere der beiden Hunde springt auf den alten Mann zu, der zusammengesunken auf dem Sofa kauert und sich an der Krücke festhält. Er bleibt reglos. Ich stelle mir vor, wie er als junger Mann, der sich gerade verliebt hat, dem Objekt seiner Begierde das Bett des Vaters überläßt, um mit einem Fremden, den er eben irgendwo aufgefischt hat, zu schlafen. Draußen vor der Schlafzimmertür wartete er also, bis die beiden Liebenden fertig waren. Erzählt er mir diese traurige Geschichte, die ihn tief gedemütigt haben muß, etwa als sein erstes Liebesabenteuer?
Wir kommen auf Goethe zu sprechen, der im hohen Alter von sich behauptete, er sei in seinem ganzen Leben nicht mehr als einen Monat lang glücklich gewesen.

»Ja, das Glück. Das ist bei mir nicht sehr weit gegangen. Von wirklichem Glück kann ich gar nicht . . .«, er spricht den Satz nicht zu Ende. Wieder schweigt er sehr lange, sagt schließlich, indem er den Kopf zur Seite dreht: »Wenn ich als Neugeborenes in der Klinik verwechselt worden wäre und wäre dann vielleicht in einem gesunden, schlichten Bürgerhaus aufgewachsen, na ja dann . . .«, er nestelt an der Mullbinde seiner Krücke, »dann wäre vielleicht was Besseres aus mir geworden.«
»Haben Sie jemals von Ihrem Vater geträumt?«
»Nein, hab' ich nicht«, antwortet er sofort, »nein, nein. Ich hab' nicht von ihm geträumt. Nein, nein, nein.«
Er beißt sich auf die Unterlippe, daß es weh tun muß. Es entsteht eine peinliche Pause, und ich weiß nicht recht, was ich sagen soll, lenke ab, frage ihn nach seinen Gedichten.
»Ach, die Gedichte sind manchmal ganz nett, aber unbedeutend. Damit kann ich nicht prahlen.«
Er möchte mir eines vorlesen, erhebt sich zitternd und mit Stöhnen, um nach oben in sein Arbeitszimmer zu steigen. Frau Beck-Mann kommt herein. Ich sage:
»Ich habe das Gefühl, er hat seinen Vater gehaßt.«
Sie nickt.
»Diese unvorstellbare Kälte des Vaters«, sagt sie leise, »läßt ihn nicht mehr los. Einmal hat er mich morgens um vier gerufen, aus dem Bett geholt, und gefragt: ›Ist noch jemand außer dir im Haus?‹ Ich hab' geantwortet: ›Ja, nur Claudia.‹ Das ist meine jüngste Tochter. Golo hat dann ganz erschöpft gesagt: ›Dann ist mir also wieder der TM erschienen.‹ Ich weiß nicht, ob er ihm leibhaftig oder im Traum erscheint, auf jeden Fall muß es furchtbar für ihn sein. Er leidet sehr.«

Der alte Mann kommt zurück ins Zimmer. Er hat kein Gedicht gefunden.
»Ich bin jetzt auch sehr erschöpft. Wissen Sie, mein linkes Knie gehorcht mir nicht mehr. Der Körper ist ja so dumm. Der Kopf ist noch halbwegs gescheit.«
Mit winzigen Schrittchen trippelt er wieder zurück an den leeren Eßtisch und nimmt dieselbe Haltung ein, in der ich ihn vor zwei Stunden antraf.
Frau Beck-Mann begleitet mich zurück zum Gartentor. Sie erzählt mir von dem Prostatakrebs des alten Herrn. »Aber er will von der Krankheit nichts wissen. Er verdrängt sie vollkommen und tut so, als hätte *ich* den Krebs.«
Ich frage, ob ihr Ehemann in seiner Jugend der Geliebte des Professors gewesen war.
Sie erzählt, daß Golo mit den Eltern des jungen Beck befreundet war, und als der Vater des hübschen Studenten starb, nahm Golo ihn in sein Haus und versorgte auch die Witwe. Beck heiratete schließlich und wurde adoptiert.
Sie sagt:
»Mein Mann war nur den Frauen zugetan. Ich glaube, er hätte sich lieber erschossen, als mit einem Mann zu schlafen.«
»Ich kann verstehen, daß Sie Ihren Mann in Schutz nehmen wollen.«
»O nein. Das ist schon mal behauptet worden, daß er ein Verhältnis mit Golo gehabt hätte, es stimmt aber nicht. Golo ist ein Mensch ohne jedes Geschlechtsleben.«
»Das meinen Sie nicht im Ernst.«
»Aber das hat er Ihnen doch andeuten wollen mit dem, was er Ihnen erzählt hat. Er war niemals mit einer Frau

zusammen, aber auch niemals mit einem Mann. Und daran sind die Eltern schuld. Ich kenne die Familie seit 1959 und habe alle unveröffentlichten Tagebücher Golos gelesen. Ich weiß genau, wovon ich rede.«
Sie sieht mein Erstaunen und sagt in mein Mikrophon sehr bestimmt:
»Nein. Niemals. Golo und ich sprechen über die intimsten Dinge. Es ist so. Es genügte ihm, einem Jungen über den Kopf zu streicheln oder mit ihm eine Wanderung zu machen. Er hat Sex niemals praktiziert. Dafür lass' ich mir die Hände abhacken.«
»Sie sollten«, sage ich, »Ihre Erlebnisse und Erfahrungen mit der Familie Mann aufschreiben.«
»Ja, das rät mir Golo auch immer. Aber«, sie lacht, »Reich-Ranicki würde mich zerreißen. Für den ist der TM doch ein Gott.«
Sie holt den Hund zurück, der dabei war, auf die Straße zu springen.
»Am 27. März hatte er Geburtstag. Da wollte ich eigentlich einen Männerstrip für ihn bestellen. Aber es hat nicht geklappt, weil wir den Geburtstag mit einer alten, befreundeten Gräfin zusammen verbringen mußten. Da ging das ja nicht. Aber den kriegt er noch, das hab' ich ihm versprochen.«
Der lebhafte, langhaarige Hund springt an uns hoch.
»Weihnachten 92 hat er mir gesagt: ›Weißt du, was ich mir wünsch'? Entweder einen hübschen, jungen Mann oder einen schönen Hund.‹ Da hab' ich ihm gesagt: ›Ich sag's dir gleich, du kriegst einen Hund.‹ Und das hier ist er. Ist er nicht wirklich nett, unser Sir Henry?«

EGON BAHR

SPD-Politiker

Geboren am 18. März 1922 in Treffurt an der Werra. Nach dem Abitur in Berlin und einer Lehre als Industriekaufmann bei Rheinmetall-Borsig wurde er 1942 zum Militär eingezogen.
Trat 1956 in die SPD ein. 1960 holte ihn Willy Brandt als Leiter des Presse- und Informationsamtes nach Berlin. Er war wesentlich an einer neuen Ostpolitik beteiligt und prägte 1963 in einem Vortrag an der Ev. Akademie in Tutzing den Begriff »Wandel durch Annäherung«.
1969 wurde er Staatssekretär im Bundeskanzleramt. Ende Januar 1970 begann er in Moskau Verhandlungen über einen Vertrag zum Gewaltverzicht mit der UdSSR. Indiskretionen in der Presse führten zu harten Angriffen der Opposition gegen die neue Ostpolitik. Der Vertrag wurde, nachdem er nachgebessert worden war, 1971 unterzeichnet.
Verträge mit Polen und Gespräche mit der DDR folgten. Ein Jahr später wurden die Verträge über den Transitverkehr zwischen BRD und DDR in Ost-Berlin unterzeichnet und die Ostverträge vom Bundestag ratifiziert. Ab 1972 war er Bundesminister für besondere Aufgaben.
Seit 1984 ist Bahr Direktor des Hamburger Instituts für Friedensforschung und Sicherheitspolitik (IFSH). Er übernahm damit die Nachfolge des Grafen Baudissin.
Er ist seit 1945 verheiratet, hat einen Sohn, Wolfgang (geb. 1945) und eine Tochter, Marion (geb. 1950).

Er blieb immer die graue Eminenz im Hintergrund. Viele empfanden ihn deshalb als unheimlich. »Obgleich er«, schrieb einmal eine Zeitung über ihn, »nur Maßanzüge trägt, wirkt er immer wie von der Stange konfektioniert.« Als verschlossen gilt er, der »Tricky Bahr«, der sofort rhetorische Haken schlägt, sobald jemand nach seiner Person fragt.
Wir haben uns in der Bonner SPD-Baracke verabredet, jener Parteizentrale, die genauso aussieht, wie sie heißt. Um neun Uhr früh sollte ich kommen. Der Pförtner in seinem Glaskasten blättert im Telefonverzeichnis, kann »keinen Egon Bahr« finden, weiß auch nicht, ob der schon ins Haus gekommen ist. Ich muß zehn Minuten warten, bis eine Sekretärin mich ins Innere des proletarischen Palastes mitnimmt.
»Egon Bahr«, sagt sie, während wir an den Fotos der Traditionsgrößen von Bebel bis Brandt vorbeigehen, »benutzt den Raum von Johannes Rau. Der ist so selten hier.« Im schlichten, düsteren Büro sehe ich Bahr am Schreibtisch sitzen, nein, ich sehe nur eine Zeitung, die quasi in der Luft schwebt, gehalten von zwei Händen. Dahinter muß sich wohl der Mann verbergen, den ich suche. Er legt das Blatt weg, faltet es sorgfältig zusammen, nimmt seine Hornbrille ab. Es kommt eine winzige Gestalt mit einem zu großen Kopf auf mich zu. So gnomenhaft, denke

ich, könnte der große Moralist Lichtenberg gewesen sein oder die kleine Exzellenz Adolph Menzel. Ich entschuldige mich fürs Zuspätkommen, und er knurrt nur »Hmm«, macht eine Handbewegung, die bedeutet: Nehmen Sie Platz.

Wir setzen uns also an ein Tischchen, das dem puritanischen Interieur angemessen ist.

Bahr blickt mich an, das linke Auge fast zugekniffen. Mißtrauisch, abschätzig? Ich weiß es nicht.

»Sie stammen aus dem preußisch-sächsischen Torgau«, sage ich, »erinnere ich mich richtig, daß dort die älteste lutherische Kirche steht?«

»Da haben Sie ganz recht«, sagt er im Ton eines Lehrers, »das wissen ja nicht mal die Pastoren, daß diese Kirche bei uns steht und nicht in Wittenberg oder Eisenach.«

Jetzt geht ein vorsichtiges Lächeln über sein Gesicht.

Wir reden über Musik, es stellt sich heraus, daß er eigentlich Musiker werden wollte. Er sang als Kind und junger Mann im »Johann Walter Chor«, benannt nach dem kursächsischem Hofkapellmeister, dem Komponisten der »Deutschen Messe« und Freund des deutschen Reformators Luther.

»Ich bin nie in den Stimmbruch gekommen«, sagt er. »Meine Stimme wandelte sich langsam nach unten, so daß ich mit dem Singen nie aufhören mußte. Noch heute kann ich ganze Passagen der ›Missa Solemnis‹ auswendig.« Erst jetzt blickt er mich an, sein Gesicht beginnt sich zu öffnen. Erst jetzt kann ich erkennen, daß er große graublaue Augen hat.

Die Familie der Mutter stammte aus Posen, das durch den Vertrag von Versailles an Polen fiel. Er fängt an, seine Geschichte zu erzählen.

»Mutters Familie hatte nach dem Ersten Weltkrieg für Deutschland votiert. Als sie das taten, mußten sie Polen natürlich verlassen und ins Deutsche Reich ziehen.«
Es wird ein langes Gespräch über seine Kindheit, eine deutsche Kindheit, gezeichnet von Stolz und Schmerz.
Der Vater war Hilfsschullehrer, und um geistig und körperlich behinderte Kinder zu unterrichten, hatte er deshalb noch in Halle an der Saale ein paar Semester Medizin studiert.
Rührend sagt der alte Mann von ihm:
»Er war das, was man einen guten Menschen nennt. Ich habe ihn geliebt und verehrt. Was er so wundervoll konnte, war: Er konnte bei Menschen Fähigkeiten entwickeln.«
Die Großmutter mütterlicherseits war Jüdin. Zu Familienfesten und zu Weihnachten besuchten sie die Bahrs in Berlin, jeder brachte etwas mit, ein Huhn, einen Hasen, eine Gans. Da die Familie riesig, die Wohnung aber klein war, mußten alle Männer in einem Zimmer, alle Frauen in einem anderen übernachten. Die Onkel hockten den ganzen Tag in der Küche, klopften Skat und ließen sich nur kurzfristig von Frühstück, Mittag- und Abendessen unterbrechen. Der kleine Egon lernte das Spiel durch aufmerksames Zugucken. Er spielt es noch heute leidenschaftlich gern.
Bald zogen auch die Bahrs in die Reichshauptstadt.
Eines Abends nahm ihn der Vater an die Hand und ging mit ihm zum Anhalter Bahnhof, um Onkel Kurt auf Wiedersehen zu sagen, weil der für lange Zeit nach Schanghai mußte.
»Ich hatte immer sein schönes, volles Haar gestreichelt«, weiß Bahr noch genau. »Als ich ihn jetzt sah, war ich

erschrocken, das Haar war abrasiert. Und er hatte zwei goldene Zähne gehabt, die hatte ich immer unglaublich bewundert. Aber ich sah plötzlich, daß die fehlten. Da waren nur Lücken.«

Bahr zündet sich eine Zigarette an, die überdimensionale Ledertasche mit der Pfeifenkollektion hat er auf dem Schreibtisch liegenlassen.

»Onkel Kurt war schon 1934 oder 35 ins KZ Buchenwald gekommen, und dann hatten die Nazis ihn entlassen mit der Auflage, innerhalb von vierundzwanzig Stunden Deutschland zu verlassen. So ging er also nach Schanghai. Aber er hat darüber nicht gesprochen. Als ich ihn gefragt habe, was denn los sei, hat er geweint und gesagt: ›Darüber darf ich nicht reden.‹«

Für Egon ein tiefer Einschnitt in sein Kinderleben. Da war etwas Furchtbares, Bedrohliches, aber er wußte nicht, was es war.

»Als Zwölfjähriger war ich mit einem Male konfrontiert mit der Realität dieses Landes, auf das ich doch so stolz war. 1933 hatte mein Vater gesagt: ›Jetzt kommen die Nazis, und das bedeutet Krieg.‹ Aber dann kam das Jahr 34 und dann 35, aber es gab keinen Krieg. Und 1936 waren die Olympischen Spiele, an die kann ich mich noch sehr gut erinnern. Die Straßen nach Grünau, wo wir wohnten, waren hell ausgeleuchtet, mit gelbem Licht. Das war phantastisch, die weißen Hemden leuchteten, und die Lippen waren ganz schwarz. Und immer gab's noch keinen Krieg. Da kann man mal sehen, dachte ich, wie die Alten schwindeln. Im Gegenteil, alle Welt verbeugte sich vor dem Führer.«

»Hatten Sie Sympathie für die Nazis?«

»Nein, aber ich fand, daß es gute Gründe gab, auf unser

Land stolz zu sein. Denn die Arbeitslosen bekamen wieder Arbeit, und die Reichswehr marschierte ins Rheinland ein. Und nichts passierte. Das war doch fabelhaft. Österreich wurde 1938 ans Reich angeschlossen. Na, das fanden wir doch toll. Was, um Himmels willen, konnte man dagegen sagen?«

Aber dann kam doch der Krieg, und der Abiturient meldete sich freiwillig zur Luftwaffe. Er wollte hoch hinaus und Flieger werden. Doch die Laufbahn bei der Luftwaffe mußte er abbrechen, denn in den Personalakten wurde die jüdische Großmutter entdeckt. So landete er bei der Flak, und Offizier durfte er auch nicht werden, was ihn sehr in seinem Nationalstolz verletzt haben muß.

Schließlich wurden ihm die Achselklappen ganz abgerissen, er wurde wegen »Einschleichens in die Wehrmacht« unehrenhaft entlassen und mußte als Rüstungsarbeiter bei Borsig in Berlin bis zum Kriegsende schuften. Die kranke jüdische Großmutter aber konnte die Familie verstecken.

Bahr erzählt wie jemand, dem das Militär trotzdem Spaß gemacht hat. Das Einzelkind, das immer allein spielen mußte, genoß die Kameradschaft unter den Landsern.

»Die Nachtfahrschule in München«, schwärmt er, »war die schönste Zeit beim Kommiß überhaupt. Unter die Klamotten zogen wir den Ausgehanzug an und haben München unsicher gemacht.«

Als Soldat sah er zum erstenmal in seinem Leben den Rhein und sogar das für den Zwanzigjährigen wilde, erregende Paris.

»Das konnte man damals noch für acht Mark in der Tasche erobern. Auf der Métro konnten wir als Soldaten

umsonst fahren, und ins Pigalle sind wir natürlich gezogen.«
Noch heute leuchten seine Augen.
Die Tanzstundenliebe besuchte ihn hin und wieder beim Militär.
»Meine Jungfernschaft hatte ich aber schon verloren«, schmunzelt er, »ich wußte schon, wo's langgeht, obgleich alles, was mit Sexualität zusammenhing, zu Hause tabu war, klar. Absolut tabu.«
Erst im Lauf der Jahre »ergab sich mit meinem Vater ein lockereres Verhältnis. Der war eigentlich ein verhinderter Seemann, und so hab' ich ihn, als meine Mutter schon längst tot war, zu einer Seefahrt nach Amerika eingeladen. Auf der ›France‹ haben wir uns amüsiert wie Bolle auf dem Milchwagen. Wir waren beide ohne Frauen, seine neue Frau, also meine Stiefmutter, war zu Hause geblieben und meine Frau auch. Wir waren also frei von Weibern, hm? Fabelhaft. Ich sehe noch, wie wir beide an der Reling stehen und pinkeln, und ich sage zu ihm: ›Na, Peterchen, wie geht's denn?‹ Da antwortet er: ›Ich ziehe ihn immer noch steifer raus, als du ihn reinsteckst.‹«
Bahr lacht zum erstenmal aus vollem Halse während unseres Gespräches.
»Das war natürlich eine Übertreibung.«
Aber dann ganz leise, so daß es kaum zu hören ist, sagt er mit gesenktem Kopf:
»Wir liebten uns.«
Nein, mit der Mutter wäre so etwas nicht möglich gewesen, sie, »eine insistierende Frau«, war keine, »die mich liebevoll umarmt hätte. Man zeigt keine Gefühle. So wie bei Karl May – ein Indianer weint nicht. Außerdem paßte

das doch nicht zu ihrer humanistischen Bildung. Die alten Griechen und Römer haben auch nicht geweint.«
Egon Bahr, ein Mann für treue Männerfreundschaften. Die zu Willy Brandt bestimmte sein späteres Leben bis heute von Grund auf. Ihn lernte er 1960 in der Lobby des Bundestages in Bonn kennen. Es war vormittags um zehn, der Regierende Bürgermeister war knurrig und wortkarg wie immer am Morgen, fragte ihn, ob er nicht sein Pressesprecher werden wollte. Bahr sagte sofort zu, ging mit ihm nach Berlin.
Ich klopfe mit der Hand auf meine Brust und frage:
»Was haben Sie hier an Gefühlen gespürt, wenn Sie ihm nahe waren?«
»Wissen Sie, wenn man die Schwächen eines Menschen kennt und anfängt, sie zu lieben, diese Schwächen, und man sich im Denken so nahe fühlt, dann hat sich da was entwickelt . . .«, er unterbricht, sinniert lange, »das schwer zu beschreiben ist.«
»Seine Schwächen, damit meinen Sie den Alkohol und die Frauen. Haben die Frauenaffären Ihrer Freundschaft geschadet?«
»Ich hab' ihm das doch gegönnt.«
»Haben Sie sich manchmal eine Frau geteilt?«
»Nee, das hatte ich wirklich nicht nötig. Ich bin ja nicht zu kurz gekommen.«
»Hatte er etwas Erotisches?«
»Ja! Natürlich!«
»Für Sie auch?«
»Wenn Sie das Wort ›Erotik‹ wegnehmen . . . Ich habe mich keinem Mann näher gefühlt als ihm. Wenn er litt, dann hab' ich mitgelitten. Wenn wir uns anguckten oder einen halben Satz sagten und es gab überhaupt keine

Antwort, sondern nur eine kleine Kopf- oder Augenbewegung, dann war die Antwort völlig klar. Und dann wußte ich genau, was ich machen konnte, ohne ihn fragen zu müssen.«

»Was war der Grund, daß die Menschen Brandt damals so faszinierend fanden?«

»Na, erst mal sah der Junge fabelhaft aus, hm? Man konnte förmlich an den Augen der Frauen sehen, daß sie schwach wurden, wenn sie ihn nur sahen. Dann hatte er eine Stimme, der man anmerkte, daß er viel rauchte und nicht gerade wenig trank. Und dann, er war kein Fanatiker. Dem kann man vertrauen. Trotz all seiner Schwächen.«

Bahr war nach dem Krieg Journalist geworden, schrieb erst für die kommunistische »Berliner Zeitung«, überwarf sich mit dem Chefredakteur Herrnstadt, der später das »Neue Deutschland« in der »SBZ« leitete, wie man damals das Land der »Brüder und Schwestern im Osten« verachtend nannte. Er wechselte in die Redaktion der »Neuen Zeitung«, die die Amerikaner zur Umerziehung der Deutschen, der »Reeducation«, gegründet hatten. Er bestreitet kein bißchen, daß er da einen antikommunistischen Kurs einschlug, wie auch später, als er Korrespondent des Rundfunks im amerikanischen Sektor, dem RIAS, in Bonn war. Selbst seine voll tönende, männliche Stimme hörte sich im kalten Krieg, der sich über Europa zog, ziemlich frostig an. Berlin war die »Frontstadt« und der »Pfahl im Fleisch des Kommunismus«.

Als nach 1945 im zerbombten Deutschland die überlebenden Verlierer aus den Kellern und Ruinen krochen, verletzt, gedemütigt, voll nichtvernarbter Schuldgefühle und tief verdrängten Selbsthasses, blickte man nach

Amerika. Dorthin, wo die Freiheitsstatue ihre Fackel verführerisch leuchten ließ, besonders ins düstere Deutschland, wo noch Stromsperre war. Doch Egon Bahr geriet schon damals in kritische Distanz zum Big Brother.

Er erzählt mir eine Anekdote, von der er sagt: »Sie war ein Schlüsselerlebnis für mich.«

Als er zur amerikanischen »Neuen Zeitung« kam, traf er dort in der Berliner Redaktion Hans Wallenberg. Der war ein deutscher Emigrant, der jetzt in der Uniform eines US-Majors als Presseoffizier zurückgekehrt war, um den Deutschen zu zeigen, wie eine liberale, demokratische Zeitung gemacht werden muß. Der Schriftsteller und Journalist Hans Habe hatte das Blatt 1945 gegründet, bis zu seinem Tod 1977 ein scharfer, zynischer Feind der Ideologie aus dem Osten. Der fünfundzwanzigjährige Jungjournalist Bahr war tief beeindruckt vom lockeren Klima in den bescheidenen Redaktionsräumen.

»Der Wallenberg küßte vor aller Augen seine deutsche Sekretärin, die seine Freundin war. Die genierte sich furchtbar, aber er hat nur gemeint: ›Zier dich doch nicht so, wenn wir alleine sind, machst du das doch auch, oder?‹ Wallenberg legte lässig die Beine auf den Schreibtisch, für mich wäre das unvorstellbar gewesen, und sagte: ›Man muß sich anpassen, sonst kann man nicht überleben. Wenn ich in Deutschland geblieben wäre, dann weiß ich nicht, ob ich nicht auch Mitglied der NSDAP geworden wäre.‹«

Bahr war beeindruckt, »weil der Wallenberg sich nicht zum Helden gemacht hat und die Amerikaner ja auch tatsächlich keine Helden sind«.

Er war nicht nur beeindruckt. Der US-Major hatte ihm mit diesem offenen Bekenntnis das schlechte Gewissen genommen, und er mußte, um sein Nationalgefühl zu retten, nicht den Umweg machen, die Befreier zu vergöttern.

»Ich hab' gesehen, die kochen auch nur mit Wasser, und das siedet auch bei denen bei hundert Grad.«

Wenn der RIAS-Ansager verkündete: »Und nun hören Sie Egon Bahr aus Bonn«, flogen immer ein paar politische Eisbomben in Richtung Osten. Aber stets elegant serviert. Manchmal sogar witzig.

Das änderte sich auch nicht, als ihn der Mann mit der flotten Haarlocke, der Newcomer Willy Brandt, zu seiner Zweitstimme machte. Bahr war wohl der erste Politiker im Nachkriegsdeutschland, der etwas ganz Neues erfand. Indem er redete, verschwieg er. Intelligent, trickreich, bedeutungsvoll und selbstbewußt sagte er – nichts. Doch das war nur seine Fassade. Dahinter steckte ein politisch kluger Kopf. Bahr denkt, und Brandt lenkt. So war das damals schon, und so blieb es bis zum Schluß.

Als am 17. Juni 1953 die sowjetischen Panzer gegen das Volk im Arbeiter-und-Bauern-Staat rollten, um es endgültig vom Rest ihrer Freiheit zu befreien, unternahmen die drei Alliierten nichts. Die üblichen Protestschreiben wurden höflich überreicht, und das war's dann auch.

Der Antikommunist Bahr mußte umdenken:

»Mir war klar, wenn die sowjetischen Panzer nicht gerollt wären, dann hätten wir die deutsche Einheit gehabt. Und ich sah ein, daß ohne die Sowjets nichts läuft. Die sind zwar unsere Gegner, aber ohne die geht's nicht.«

»Sie waren«, frage ich erstaunt, »wirklich der Ansicht, wir Deutschen hätten nach Auschwitz und dem verlorenen Krieg noch einen Anspruch auf die nationale Einheit gehabt?«

»Wieso nicht? Wir hatten doch bezahlt durch verlorene Gebiete im Osten. Wo steht das geschrieben, daß der Preis für den verlorenen Krieg die Teilung sein muß? Ich bin Sozialdemokrat geworden, weil die SPD die Partei der deutschen Einheit war. Der Adenauer, das hab' ich bald begriffen, redete immer davon, aber er wollte die doch gar nicht.«

»Sicher«, sage ich, »es wurden dauernd Fensterreden gehalten, aber in Wahrheit nahm man die Teilung als ein unabänderliches Übel hin. Vielleicht sogar als ein Geschenk der Geschichte.«

Bahr ist immer noch erregt, so als wäre das alles erst gestern passiert.

»Keine Sau, das war doch völlig klar, war an unserer Einheit interessiert. Wir müssen das schon selber machen. Was war das für 'ne bittere Erfahrung: 1961 halfen uns nicht mal die dicken, großen Amis, die Mauer wieder wegzukriegen. Als ich sah, daß die Russen uns einmauern, hab' ich gesagt: Wir sind verkauft, bloß noch nicht geliefert.«

»Ich verstehe immer noch nicht, wie aus dem Kommunistenfresser Bahr der Mann geworden ist, der die Ostverträge später ausgehandelt hat?«

»Sehen Sie mal, 1962 hatte Chruschtschow dem Adenauer angeboten, über Deutschland zu reden. Aber der Alte hat das ein paar Monate liegenlassen, den Brief gar nicht erst beantwortet. Das war doch die Zeit, da hat die Regierung in Bonn die Noten aus dem Osten, die der Briefträger brachte, über dem Heißwasserkessel aufgemacht, den Inhalt kopiert und dann die Annahme verweigert. So lief das doch jahrelang. Und dann kam 1964 der Freundschaftsvertrag zwischen DDR und Sowjet-

union für zwanzig Jahre. Was hat das bedeutet? Damit war die Aufrechterhaltung der Teilung zu einer Prestigefrage der mächtigen Sowjetunion geworden.«
»Und das bedeutete für Sie den langen Weg?«
»Sicher. Ich wußte, jetzt gibt's nur noch einen ganz, ganz langen Umweg. Also, was mußten wir tun? Das Nebeneinander der beiden deutschen Staaten organisieren ...«
»Sie haben sich immer als Deutscher gefühlt.«
»Na klar, als was denn sonst?«
»Europäisch konnten und wollten Sie nicht denken?«
»Brandt war viel mehr Europäer als ich. Ich hab' auf dieses Westeuropa nie so großen Wert gelegt. Aber mit diesen gegensätzlichen Meinungen konnten wir gut leben. Für mich war's wichtiger, die DDR im Auge zu behalten.«
Der kleine Mann erhebt sich, weil das Telefon klingelt. Er reagiert wortkarg, knapp, ohne unfreundlich zu sein, sagt nur »Ja« und dann »Nein«, schließlich »Gut« und legt auf.
Während er sich wieder setzt, frage ich: »Ich vermute, Sie sind ein Mann von preußischem Format.«
»So ist es.«
»Und so haben Sie sich auch auf Ihre Verhandlungen in Moskau vorbereitet?«
»Gromyko hat keine einzige Frage aufgeworfen, die ich nicht sofort aus dem Stand beantworten konnte.«
»Aha, Sie haben auf dem Trockendock in Bonn geübt. Etwa in Rollenspielen?«
»Das ist etwas übertrieben. Aber so ähnlich war das schon. Ein Referent schrieb die sowjetische, ein anderer die amerikanische, ein dritter die englische, ein vierter die deutsche Interessenlage auf. Und daraus ergab sich

die kontroverse Diskussion, in der alle nur möglichen Fragen besprochen wurden. Der intellektuelle Prozeß entsprach tatsächlich einem Rollenspiel.«

Man merkt Bahr an, daß er noch immer stolz ist auf die Zeit, da er mit seiner dicken Pelzmütze auf dem schütteren Haar, es war Januar 1970, vom Hotel zum Kreml eilte und den Reportern ebenso erschöpfende Informationen in ihre Mikros sprach wie soeben am Telefon.

»Nach ein paar Gesprächsrunden haben wir natürlich Berichte geschrieben und nach Bonn geschickt. Aber aus Bonn hörten wir nichts. Absolute Funkstille. Ich hab' dann dem Sanne, das war der stellvertretende Delegationsleiter, gesagt: ›Hören Sie mal, das macht mich aber langsam nervös. Verdammt, die müssen sich doch mal rühren.‹ Dann kam eines Tages der Scheel, der war auf dem Weg nach Indien und machte in Moskau einen kurzen Zwischenstopp. Die Maschine mußte noch ein bißchen warten, bis der Semjonow und der Scheel ihren Kaviar gegessen und ihren Wodka gekippt hatten. Na, da hab' ich den Scheel beiseite genommen und gesagt: ›Herr Außenminister, wir haben gar nichts mehr aus Bonn gehört. Um Himmels willen, was ist los?‹ Da hat der bloß gegrinst und gemeint: ›Es läuft doch. Was wollen Sie denn?‹«

Beim Vertragsabschluß 1971 versuchte der rheinische Entertainer, der lieber hoch auf dem gelben Wagen singend kutschierte, als knifflige Vertragsformulierungen im eiskalten Moskauer Winter auszutüfteln, den Eindruck aus der Welt zu räumen, er würde seinen »Walter« nur unter einen Vertrag setzen, den Bahr in Wahrheit ausgehandelt hatte. Kam das Fernsehen und die Presse, war Scheel immer zur Stelle. Nein, als ich mein Gegen-

über darauf anspreche, übergeht er die Frage wie ein Diplomat, das heißt, er überhört sie.
»Wieviel Wodka mußten Sie mit den Russen trinken?«
Bahr amüsiert sich:
»Das ist eine falsche Legende. Völlig falsch. Ja, ja, das ist die Mär, man müsse mit den Russen immer entsetzlich viel saufen. In Wahrheit war es völlig trocken.«
Er verzieht das Gesicht, als würde er noch nachträglich die kulinarische Dürre im Reich der roten Diktatoren bedauern. »Das Ausschweifendste, das ich je erlebt hatte, war, daß der Gromyko ein Glas Weißwein getrunken hat, als er in die Botschaft eingeladen worden war. Ein einziges Glas. Das war's dann auch schon. Und von denen wurden wir sowieso nie eingeladen.«
»Statt zu trinken, haben Sie sich in der Nacht schlaflos im Bett gewälzt und . . .«
». . . und bin alle Einzelheiten immer wieder durchgegangen. Einmal, zweimal, zehnmal.«
»Sie waren allein mit ihrer kleinen Crew. Hatten Sie Angst, daß Sie scheitern werden?«
»Nee, ich hab' das für mein Land getan.«
Er sagt das so, als wäre dieses Bekenntnis eine Erklärung. Aber es ist eine Erklärung für den von seinem Vaterland früher gedemütigten Patrioten, der endlich seine Kraft, Ausdauer und Liebe einbringen durfte. Wenn schon nicht als Offizier, dann als Diplomat. »Und«, er schmunzelte mich an, »es hätte ja niemand besser gekonnt, weil niemand besser vorbereitet war.«
Der diskrete Mann aus der preußisch-protestantischen Tradition wurde häufig als »Nationalist« beschimpft. Selbst von Henry Kissinger und so bodenständigen CSU-Politikern wie dem Baron Guttenberg.

Bahr findet es geradezu ehrenhaft.
»Na ja«, grinst er, »der Kissinger hat schon ein bißchen zu schlucken gehabt, als er feststellen mußte, da kommt so ein kleiner Deutscher und setzt seine eigenen Interessen durch. Sogar gegenüber dem großen Amerika. Der hat doch nicht gedacht, daß das funktioniert.«
Er blieb der Idee der Wiedervereinigung in einem Maße treu, daß »mich viele meiner Freunde für verrückt gehalten haben. Ich war fest davon überzeugt, daß die Einheit kommt, ganz fest. Aber ich war so gut wie sicher, daß ich das nicht mehr erleben würde.«
»Selbst Brandt hat daran nicht mehr geglaubt.«
»Nein, auch nicht mehr.«
»Welchen Einfluß hatte Brandt auf Ihre Deutschlandpolitik?«
»Um ehrlich zu sein, am Anfang überhaupt keinen. Ich habe ihn betrachtet wie andere hoffnungsvolle Leute in der SPD. Wie Erler und Schmidt.«
»Und was haben Sie von ihm gelernt?«
Er richtet sich auf und hebt seine Stimme:
»Einmal die Einfachheit. Wenn ich zum Beispiel für ihn eine Rede geschrieben habe, dann wollte ich meinen Stil behalten, aber dann hat er mir die Sätze auseinandergehauen und kurze Sätze draus gemacht. Zum zweiten hat er alle Fremdwörter eingedeutscht. Und hin und wieder hat er einen Satz eingefügt, den ich ganz langweilig fand. Und genau der gab dann den größten Beifall.«
»Was kann man daraus lernen?« frage ich.
»Daß man viel lernen muß«, sagt er und lächelt mich an. »Ich hatte keine Faszination auf die Massen. Meine Stärke war im Kopf, aber nicht im Sprechen.«
»Sie denken noch oft an Ihren Freund Willy.«

»Ich denke unglaublich oft an ihn. Er ist mir immer noch ganz nah, so als ob er lebte. Zuweilen unterhalte ich mich mit ihm. Kein Tag vergeht, ohne daß ich mich in irgendeiner Form an ihn wende.«

»Träumen Sie von ihm?«

»Ja!« sagt er knapp.

»Würden Sie einen Traum erzählen?«

»Nein!« sagt er ebenso knapp. Aber dann, als ich lache: »Aber ich sage Ihnen: nur Angenehmes.«

Ich will wissen, welchen Fehler er in seiner politischen Laufbahn am meisten bedauert. Er kneift die Augen zusammen, überlegt lange, erzählt schließlich von der Auseinandersetzung, ja, Feindschaft, die zwischen Wehner und Brandt immer wieder aufflammte.

»Brandt wollte die Konfrontation mit Wehner. Der hatte September 1973 in Moskau gesagt: ›Die Nummer eins ist abgeschlafft. Dieser Brandt, das ist der Mann, der da lauwarm badet‹. Brandt hat mir gesagt: Entweder geht jetzt der, oder ich gehe. Davon hab' ich ihm abgeraten.«

Mit einem tiefen Seufzer fügt er hinzu:

»Ja, das war sicher ein Fehler.«

»Hat Brandt Ihnen das übelgenommen?«

Er antwortet, wie er das brillant beherrscht, wortreich und ausweichend: »Das Kennzeichen eines derartigen Verhältnisses, wie wir es hatten, ist doch, daß ein Mann, der entscheidet, sicher sein muß, daß der andere ihm wirklich offen und ehrlich alles offen sagt, was er denkt. Aber denjenigen, der entscheiden muß, nicht von der Verantwortung entbindet.«

Der treue, diskrete Bahr schaut mich nur ganz kurz aus den Augenwinkeln an, was wohl bedeuten will: Hast du

kapiert? Ich nicke und sage, ohne eine Antwort zu erwarten:
»Klar, das hat er Ihnen nie verziehen.«
Sein Gesicht zeigt nicht die leiseste Regung. Der Blick geht zum Fenster hinaus, hinter dem es nichts zu sehen gibt.
»Konnte Brandt richtig herzlich sein und Sie umarmen?«
»Er hatte eine gewisse Scheu, berührt zu werden. Es war schon eine ganz, ganz tolle Sache, wenn er einem die Hand auf den Unterarm legte. Das war schon wie eine halbe Intimität.«
»In der Öffentlichkeit machte er einen ganz anderen Eindruck.«
»Wir haben uns relativ wenig die Hand gegeben. Außerdem hatte er nicht das, was man einen festen Händedruck nennt.«
»Haben Sie . . .«, will ich eine Frage beginnen, aber er schneidet mir das Wort ab, was er sonst nicht tut, und sagt unvermittelt:
»Ich habe diesen Willy Brandt doch bewundert, in welcher heiteren Gelassenheit er mit Bewußtsein die letzte Strecke des Weges gegangen ist.«
»Sie waren dabei?«
»Nein«, antwortete er kurz, fast scharf, »nur seine Frau.«
»Wollten Sie nicht?«
»Mich hat niemand gefragt.«
Bahr verschränkt die Arme über der Brust:
»Ich glaube, er hat zum Schluß noch mal gekämpft. Die letzten Kräfte wurden unwillkürlich noch mal aktiv.«
»Er wollte aus dem Bett heraus?«
Bahr nickt und schaut zur Seite.
»Kennen Sie das Gefühl von Angst?«

»Es wäre doch bedauerlich, wenn ich dieses Gefühl nicht kennen würde.«
»Auch Angst vor dem Ende?«
Der alte Herr lacht:
»Lächerlich, ich weiß doch, daß ich nicht der erste sein werde, dem das nicht erspart bleiben wird.«
»Sicher, aber was hilft Ihnen das?«
»Richtig, jeder muß da ganz alleine durch.«
»Glauben Sie, daß Sie wiederkommen werden?«
Er schweigt sehr lange. Und dann sagt er ganz, ganz leise:
»Nein, das kann ich nicht glauben.«
Verneinend schüttelt er den Kopf, so als bedauere er es insgeheim: »Nein! Außerdem hab' ich Sokrates nicht vergessen, der gesagt hat: ›Wir wissen nicht, ob es ein weiteres Leben gibt. Wenn es so was geben sollte, dann brauch' ich keine Angst zu haben. Sollte es aber sein, daß nach dem Tod das absolute Nichts kommt, dann wird es wie traumloser Schlaf sein.‹« Bahr schaut mich mit seinen großen Augen an. Lächelt:
»Und was könnte es Besseres geben, Hm?«

Dresdens Mahnung

HORST-EBERHARD RICHTER

Psychoanalytiker, Prof. Dr. med. und Dr. phil.

Geboren am 28. April 1923 in Berlin als Sohn eines Ingenieurs. Studierte 1943–1949 in Berlin Medizin, Psychologie und Philosophie, promovierte 1949 zum Dr. phil. Von 1950–1954 Ausbildung zum Psychoanalytiker, promovierte 1957 mit einer Arbeit über Sprachtaubheit.
Ab 1952 war er leitender Arzt am Kinderkrankenhaus Berlin-Wedding, dann Oberarzt an der Psychiatrischen Klinik an der FU. Von 1959–1962 leitete er das Berliner Psychoanalytische Institut.
1962 übernahm er den neu gegründeten Lehrstuhl für Psychosomatik an der Universität Gießen, dort baute er die Psychosomatische Klinik auf. Es entstand dort ein interdisziplinäres Zentrum, an dem auch Familienforschung und -therapie betrieben wurde, wobei er und seine Mitarbeiter die aktuelle Sozial-, Umwelt- und Rüstungspolitik mit in ihre psychoanalytischen und psychosozialen Überlegungen einbezogen.
R. engagierte sich in der Friedensbewegung und in der IPPNW (Internationale Ärzte für die Verhütung des Atomkrieges).
Leitet das Sigmund-Freud-Institut in Frankfurt a. M. (SFI).
Er schrieb neunzehn Bücher, darunter Bestseller. U. a. »Eltern, Kind, Neurose«, »Patient Familie«, »Die Gruppe«, »Lernziel Solidarität«, »Flüchten oder Standhalten«, »Der Gotteskomplex«, »Alle reden vom Frieden«, »Die Chance des Gewissens«, »Umgang mit der Angst«, »Wer nicht leiden will, muß hassen«.
R. ist seit 1947 verheiratet mit Bergrun, geb. Luckow und hat drei erwachsene Kinder Jutta, Elena und Clemens.

Der gute Mensch aus Gießen bietet das Bild des Sanftmütigen, wann immer er im Fernsehen, bei Lesungen oder Demonstrationen auftritt. Also häufig. Seine Stimme ist leise, fast zaghaft gebrochen, sein Gesicht immer in sanfte Melancholie gehüllt.
Ich besuche ihn in seinem engen Gießener Büro, das einfach eingerichtet ist, ein Schreibtisch, ein Faxgerät, Bücher. Nichts von dem, was ich vermutet hätte: Eleganz und Großzügigkeit. Der »berühmteste deutsche Psychoanalytiker und Bestsellerautor« sitzt mit mir am zu kleinen, runden Tisch, der vollgepackt ist mit Manuskripten. Die Sekretärin bringt dicken, schwarzen Tee im Glaskolben einer Kaffeemaschine. Während er Süßstofftabletten abzählt, betrachte ich den eindrucksvollen Kopf des Siebzigjährigen, dem von Karajan ein bißchen ähnlich. Er wirkt auf den schmächtigen, schmalen Körper, der einem Jungen gehören könnte, wie aufgesetzt.
»Wenn ich Sie im Fernsehen sah, fand ich immer, daß Sie eigentlich ein schöner Mann sind«, sage ich.
Richter lacht verlegen. »So hab' ich mich nie erlebt. Ich hab' keine sehr geraden Beine.« Er guckt an sich hinunter, auf seine eng übereinandergeschlagenen Beine, die dunkelblauen, groben Jeans, die Slipper. »Ich war eher knubbelig früher und dicker als jetzt. Und anderen bio-

logisch weit zurück. Ich kam auch relativ spät in den Stimmbruch.«
»Aber Sie gelten als eitel.«
»Da ist auch was dran. Aber einen Porsche hab' ich nie gefahren, und ich hatte auch nie einen gekauft. Wie so ein Gerücht zustande kommt, weiß ich nicht. Daß ich sehr häufig im Fernsehen auftrete, hat damit zu tun, weil ich der Meinung bin, die psychoanalytischen Erkenntnisse müssen auch auf die Politik angewendet werden. Aus diesem Grunde mache ich auch psychologische Gesprächsrunden mit Politikern an einem geheimen Ort, zu denen keine Presse zugelassen ist.«
»Daran nehmen auch Bonner Politiker teil?«
»Ja, neben Abgeordneten des Bündnis 90 auch Regierungsmitglieder. Aber darüber darf ich nicht reden.«
Richter hat immer wieder die Nähe von mächtigen Männern und zur Politik gesucht, sucht sie noch heute und versteht sich auch als politischer Autor. Seine Biographie zwang ihn dazu: Als er zehn Jahre alt war, kam Hitler, als er sechzehn war, brach der Zweite Weltkrieg aus, als er zweiunddreißig war, hatte die Bundesrepublik wieder Soldaten, als er fünfundvierzig war, marschierten seine Studenten auf der Straße.
Als ich frage: »Mögen Sie sich eigentlich?«, antwortet er: »Ja, ja«, als sei das überhaupt nicht wichtig, »ich bin mit mir schon einverstanden.«
Er macht dann aber eine bedeutungsvolle Pause, zieht die Stirn in tiefe Falten und spricht als politischer Moralist:
»Für manches schäme ich mich und habe auch Gründe, mich schuldig zu fühlen. Mein politisches Leben hat auch den Sinn, Dinge wiedergutzumachen. Ich habe zum

Beispiel erlebt, wie meine jüdischen Mitschüler mit ihren Eltern einfach verschwunden sind, ohne daß ich mich dagegen aufgelehnt hätte.«

»Und das erleben Sie bis heute als Schuld?«

»Ja, wenn wir Klassentreffen haben, dann kommen auch immer jüdische Mitschüler, einer sogar aus New York, und da fühl' ich mich überhaupt nicht gut.«

Richter mußte als junger Student an die Ostfront.

»Ich hatte ein paar Schulfreunde, denen ich sehr tief verbunden war, und die sind gefallen. Ich hatte immer das Gefühl: Warum habe gerade ich überlebt? Hab' ich das verdient? Ist es nicht mies, daß *ich* überlebt habe?«

Er macht eine lange Pause, fügt dann leise hinzu:

»Hätten wir nicht gemeinsam verdient, uns umbringen zu lassen?«

»Überleben als Schuldgefühl. Glauben Sie, daß Gott, wer das auch immer sein mag, Sie beschützt hat?«

»Nein. Wissen Sie, ich hatte so einen narzißtischen Größenwahn, daß ich das Gefühl hatte, mir kann nichts passieren, ich bin unverletzbar.«

»Woher kam dieses trügerische Gefühl?«

»Das hab' ich mich auch gefragt. Vielleicht von dieser engen Mutterliebe, die ich als Kind erlebt habe.«

Seine Mutter war schön und ehrgeizig und verwöhnte das einzige Kind, den kleinen Horst-Eberhard, über alle Maßen.

»Sie putzte mich heraus mit Samtanzug und Rüschenhemd. Sie wollte ihren Freundinnen zeigen, was sie da für einen tollen Jungen hatte. Meine Mutter war enorm vital, aber hat ihren Geltungsdrang leider nicht in einem Beruf ausleben können.«

Er lacht: »Sie legte sich gern falschen Schmuck an, der unheimlich teuer und antik aussah. Dafür ließ sie sich von den Bürgerfrauen bewundern, die die Sachen für echt hielten.«

»Sie sind ein Muttersohn?«

»Ich war viel offener als mein Vater und konnte stärker mit Gefühlen reagieren, außerdem konnte meine Mutter viel besser mit mir reden als mit ihrem Mann.«

»Sie waren so eine Art Ersatzehemann für die Mutter?«

Richter faltet die hohe Stirn noch tiefer:

»Ja, ja, meine Mutter hat mich als Ersatzpartner enorm überfordert. Mein Vater hat mit mir ja kaum geredet. Er hat sich immer nur über meine Mutter erkundigt, was ich so mache. Durch diese symbiotische Beziehung, die meine Mutter zu mir aufgebaut hatte, wurde ich in der Pubertät ziemlich unausstehlich. Ich wollte mich von der Mutter losreißen. So hab' ich sie immer wieder verletzt.«

»Wie weit haben Sie's denn getrieben?«

»Wie das so ist bei einer so engen Mutter-Sohn-Beziehung. Ich hab' mich in mein Zimmer eingeschlossen und wollte einfach nicht mehr, daß sie ständig an mir herumfummelt, mir Sachen kauft, die ich anzuziehen hatte. Sie war zudringlich und eindringlich, wollte alles von mir wissen, was in mir vorging.«

»Haben Sie sich wehren können?«

»Ich fing an zu heulen und bin dann auch mal abgehauen. Gegen den Vater konnte ich mich auch nicht richtig wehren, der war doch ein alter Mann und vom Alter her eigentlich mein Großvater. Er war fünfzig, als ich zur Welt kam.«

»Sie hätten eine Freundin haben müssen.«

»Na, ich war ja pausenlos verliebt.«
»Ohne Sex?«
Richter ist zum erstenmal während unseres Gespräches irritiert und blickt mich zum erstenmal voll an, fragt nachdrücklich:
»Wollen Sie das etwa wirklich schreiben?«
Ich erzähle ihm, daß ich selbst ein Spätentwickler bin und darunter früher gelitten habe, aber aus der Distanz eines Erwachsenen könne man doch wohl frei darüber reden, und frage:
»Wie alt waren Sie, als Sie zum erstenmal mit einer Frau geschlafen haben?«
Der alte Herr zögert:
»Weiß ich nicht mehr.«
Er macht eine lange Pause, blickt wieder versunken auf das Grün draußen vor dem Fenster und sagt leise zu sich selbst:
»Ist doch interessant, daß ich das nicht mehr weiß.«
Wieder eine lange Pause. Dann fahrig, während er an seinen Fingerspitzen spielt:
»Also, ich meine, jetzt muß man da differenzieren zwischen den verschiedenen Formen der Sexualität, also dem, ich weiß auch nicht, also, ich glaube, daß wir das besser lassen.«
Im Gesicht des weißhaarigen berühmten Psychoanalytikers arbeitet es deutlich sichtbar, nicht so als hätte ich den Eindruck, daß er aus Scham darüber mit einem Fremden nicht reden mag, sondern daß ihn wirklich etwas Unverarbeitetes bedrückt.
Schließlich fährt er stockend fort:
»Ich erinnere mich jetzt, wir waren im Krieg aufs Land gezogen, weil Berlin bombardiert wurde. Und da gab's

ein paar hübsche Bauernmädchen. Eine vor allem, die etwas, wie soll ich sagen, leichtfertig war, wie alle wußten. Da war meine Mutter augenzwinkernd durchaus einverstanden, daß sich da was, also abspielte.«

Die Mutter hat den fast Zwanzigjährigen regelrecht an die Frau gebracht, weil »sie darauf aus war, einen normalen Jungen zu haben«.

»Was bezeichnen Sie als normal?«

»Na ja, normal, also daß der auch an Mädchen rangeht und da nicht voller Hemmungen also seine Sexualität nur in der Phantasie ausschwitzt.«

»Als Muttersohn hätten Sie homosexuell werden können. Haben Sie jemals mit einem Mann geschlafen?«

»Nein«, antwortet er sofort, »ich hatte sehr, sehr liebevolle Freundschaften auch schon in der Schule und dann auch beim Militär, aber wenn ich merkte, daß jemand mehr wollte, konnte ich von meiner Veranlagung her nicht so empfinden.«

»In solche Situationen sind Sie gekommen?«

»Ja, einmal in einer Sauna und dann beim Militär. Aber ich bin in meinem Leben nie in einen homosexuellen Kontakt geraten.«

Er ist darüber wohl selbst erstaunt, denn er sagt lächelnd:

»Das ist ja fast schon anormal.«

Der Vater war Ingenieur bei Siemens in Berlin, stammte noch aus der Gründergeneration des Konzerns. Richter beschreibt ihn als »wortkargen Mann, der nichts mehr haßte, als nach außen bedeutend zu erscheinen«. Also ganz das Gegenteil zur extravertierten Mutter. Ich will wissen, warum seine Eltern, die niemals arm waren, nur *ein* Kind hatten.

»Wie haben Ihre Eltern damals verhütet? Die Pille war noch nicht erfunden.«
»Darüber haben sie mit mir nicht geredet.«
»Und Sie haben auch nicht gefragt.«
»Nein, niemals. Das Thema Sexualität war natürlich vollkommen tabu in der Familie.«
Richters Vater war das älteste von elf Kindern, und als das jüngste zur Welt kam, starb der Vater. So wuchs also auch er in enger Beziehung zur Mutter auf.
»Mein Vater wollte eigentlich überhaupt keine Kinder, weil er sich als Junge um seine zehn kleinen Geschwister kümmern mußte, sie in der Wiege zu schaukeln hatte, während er in seinen Büchern las.«
Vater Richter, auch er in seiner Jugend ein »überforderter Ersatzvater«, mochte Kinder nicht, wollte kinderlos bleiben.
»Ich bin nur dadurch zustande gekommen, daß meine Mutter eine ihrer Listen angewandt hat. Sie hat nämlich ihren Gynäkologen überredet, meinem Vater einzureden, es sei bedenklich, wenn meine Mutter nie eine Geburt hätte. Sie würde dann krank werden. Und da mein Vater ein überaus korrekter und verantwortungsvoller Mann war, hat er der Aufforderung des Arztes Folge geleistet. Und so bin ich zustande gekommen.«
Der ferne Vater und die bedrückend nahe Mutter machten aus ihm einen schüchternen Jungen, der voller Ängste war.
»Nach der Pubertät hatte ich eine schwere Krise. Ich glaubte, daß ich krank und psychisch nicht in Ordnung bin. Ich bin zwar nicht schizophren geworden, aber ich hatte eine Phase, in der ich mich völlig als Außenseiter fühlte. Ich konnte nicht schlafen und hab' mich unheim-

lich mit mir gequält, hab' mich verrückt und autistisch gefühlt, hab' nur gelesen.«
Er blickt hinunter auf seine Finger, die ständig mit sich selbst beschäftigt sind.
»Ich hab' das später sehr gut verdrängt, weil es sehr beschämend für mich war. Durch den Arbeitsdienst und das Militär bin ich dann aber da rausgerissen worden.«
Ohne daß ich danach frage, ob die Eltern dafür verantwortlich waren, sagt er:
»Später, als ich selbst Vater wurde, habe ich gemerkt, daß ich dieselben Fehler mache, die ich meinen Eltern angelastet habe. Ich hab' dann später gedacht, man muß versuchen, die Fehler der Eltern zu verstehen. Man muß sie auch als Patienten sehen. Das war dann für mich der Anfang der Familientherapie, die ich als erster in Deutschland eingeführt habe.«
Richter wurde sehr bekannt, später berühmt als Pionier der psychoanalytischen Familienforschung und Familientherapie, als er das Projekt leitete, das er bezeichnenderweise »Herzneurose« nannte. Sein erstes Buch »Eltern, Kind, Neurose«, inspiriert durch die schmerzhaften Erlebnisse der eigenen Kindheit, wurde ein Bestseller, erschien in über zwanzig Auflagen.
Richters Schulzeit war geprägt von nationalsozialistischer Ideologie. Wieder war er Außenseiter.
»Ich war kein imposanter Jüngling und entsprach überhaupt nicht den Idealen der weiblichen Jugend. Damals galt nur die Herrenrasse etwas, die nordische Rasse, und der entsprach ich überhaupt nicht. Ich war schwarzhaarig, klein, gedrungen, der Prototyp der ostischen Rasse. So hatten wir das im Biologieunterricht gelernt.«
»Man hat Sie dort als ostischen Typ vorgeführt?«

»Das nicht, das war auch gar nicht nötig, denn es waren ja damals psychobiologische Tatsachen. Nur blonden, hochgewachsenen Jungen wurden automatisch Führereigenschaften zugesprochen, zum Beispiel HJ-Führer zu werden. Das wurde ich natürlich nicht.«
»Sie wuchsen also im Gefühl auf: Ich bin minderwertig.«
»Ja. Mir war klar, ich gehöre nicht zum kreativen, phantasievollen Führertyp, sondern zum ostischen, eher fügsamen, gehorsamen Typ.«
»Wieder durften sie sich nicht als ›Mann‹ fühlen.«
»Nein, ich hab' mich nicht so männlich gefühlt. Ich gehörte nicht zu denen, die zur Veredlung der gesamten Menschheit auserkoren waren. In der Tanzstunde mußte ich mich mit den Mädchen zweiter Güte begnügen.«
Der schweigsame Vater, der ihn nicht gewollt hatte, war Bergsteiger und Jäger, nahm seinen Sohn manchmal mit. Der sanfte Horst-Eberhard lernte auf der Jagd bei ihm das Töten von Tieren.
»Und im Krieg mußten Sie wieder töten«, frage ich.
»Ja, ich hab' an der Kanone gestanden, aber da sieht man nicht, was man tut, weil die Granaten über mehrere Kilometer fliegen. Aber es war meine Aufgabe, das zu tun.«
Während unseres Gespräches hatte Richter seine Beine fest wie ein Mädchen geschlossen, jetzt öffnet er sie breit und zeigt für einen Moment seinen Schritt.
»Sie hatten nicht das Gefühl, jetzt töte ich da drüben jemanden?«
Der Professor verschränkt wieder seine Beine.
»Es gibt ja das Phänomen der Spaltung, daß man nach einer Phase des hilflosen Entsetzens, in der man nach dem Anblick von toten, jungen Leuten und abgeschos-

senen Köpfen nicht schlafen kann. Danach aber funktioniert man und tut nur das, was kommandiert wird.«
»Kennen Sie so etwas wie die Lust am Töten?«
»Nein«, sagt er sofort, »ich habe nie gesehen, wie jemand erschossen wurde, noch hab' ich selbst jemanden erschossen.«
»Aber Sie haben die Kanone bedient.«
»Die Artillerie ist eine ganz merkwürdige Waffengattung. Man sieht nicht, was man anrichtet. Auch ich hab' nie was gesehen.«
Ich blicke ihn erstaunt an. Er zögert, sinniert:
»Doch, doch, ein einziges Mal hab' ich gesehen, wie unsere Geschosse einschlugen. Mit dem Fernrohr. Auf dem Vormarsch in Rußland hab' ich natürlich gesehen, wie die Häuser brannten, die Toten dalagen, auch tote Pferde. Aber die Verbindung zwischen dem, was wir taten, und dem, was wir angerichtet haben, mußte ich erst herstellen. Und ein Bild geht mir nicht aus dem Kopf, wie nämlich unser Wachtmeister eine Kuh erschossen hat.«
»Krieg ist ja ein Mittel, Tötungslust legal auszuleben. Und Aggressionen, die Sie ja als Kind nicht rauslassen durften.«
»Im Krieg hab' ich bewußt keine Aggressionen ausgelebt. Das ist mir fremd. Interessanterweise spielt die Angst eine viel größere Rolle als das Gefühl, selber Aggressionen abzulassen.«
Richter genießt das Image des sanften Engels, der in der Friedensbewegung engagiert ist und in der internationalen Ärztevereinigung für die Verhütung des Atomkrieges, der die Nähe zu den mächtigen Männern der Erde sucht, um sie für die Sache des Friedens zu gewinnen.

Aber wer könnte schon pausenlos gutmütig und sanft sein?
»Wohin also«, frage ich, »schieben Sie Ihre Aggressionen und Haßgefühle?«
Richter, der erfahrene Seelendoktor, weiß natürlich genau, wovon die Rede ist, aber er berichtet viel lieber über seine Ängste, die er als Kind hatte, daß er bei jeder Kleinigkeit ins Stottern kam und rote Ohren kriegte. Über wirklich negative Gefühle spricht er nicht.
Er erzählt statt dessen, daß er Tennis spielt und »beim Fußball nicht gerade der Sanfteste« ist und daß er beim Autofahren schon mal jemanden »mit bösem Gesicht anblickt«.
Das ist offenbar alles, was er sich bewußt gestattet.
»Können Sie vor Zorn laut schreien?«
»Nein«, antwortet er, aber dann, nach einer Denkpause: »Ich überlege gerade, wie ich das mache. Wenn die FAZ zum Beispiel ein Buch von mir völlig niedermacht, da ist mir schon kotzübel. Aber ich kann Gegner, die mich verletzen, durch meine Offenheit entwaffnen.«
Er lächelt zufrieden.
»Wissen Sie, solche Menschen respektieren mich dann ganz anders. Ich erlebe einen aggressiven Triumph. Wenn ich mich nicht provozieren lasse, kann ich mich durchsetzen.«
»Aber ist das nicht«, wende ich ein, während er einen Schluck Tee nimmt, »eine Rationalisierung? Sie versuchen, das Problem mit dem Kopf zu lösen.«
»Wieso? Wenn ich den Fritz Rummler vom Spiegel oder den von der FAZ, ich weiß gar nicht, wie der heißt, wenn ich die treffen würde, dann könnten die sich gar nicht vorstellen, daß ich offen auf sie zugehe und sagen wür-

de: Haben Sie das nötig, daß Sie mich so niedermachen, das ist doch unter Ihrem Wert.«
»Aber Herr Professor, das ist nichts als ein Trick.«
»Ja, ja, aber um zu überleben«, antwortet er fröhlich, »wenn ich angegriffen werde, weiß ich, soviel Selbstbewußtsein habe ich, daß ich nicht wirklich gemeint bin. Das bin ich nicht.«
»Es ist wahrscheinlich banal, aber das ist ein Überbleibsel aus Ihrer Kindheit.«
»Ich hab' zum Beispiel meinen Vater dafür gehaßt, daß er mich überhaupt nicht wahrgenommen hat«, sagt er und schweigt wieder ausgiebig.
Ich habe jetzt Zeit, das große Bücherregal, das seinen Schreibtisch umgibt, zu betrachten, denke daran, daß der ehrgeizige Horst-Eberhard Richter nicht weniger als neunzehn Bücher geschrieben hat und bereits an einem neuen sitzt, neben seiner Professur noch zusätzlich wichtige Ämter im Machtapparat der »psychoanalytischen Mafia«, wie er selbst sagt, innehatte und wie ein Politiker durch die Weltgeschichte reist.
Am Tischchen neben mir sitzt der berühmte Bestsellerautor, der offenbar den Erfolg zum Überleben braucht, und ich habe die Assoziation eines unerlösten, traurigen Kindes.
Er stellt die Teetasse ab, ohne etwas getrunken zu haben, und hält die linke Hand vor den Mund, als wolle er sich selbst den Mund verbieten. Seine Stimme ist nur schwer zu verstehen, als er endlich wieder zu reden beginnt.
»Den Vater hab' ich gehaßt, wenn ich am Mittagstisch mit meiner Mutter eine Auseinandersetzung hatte, die sehr heftig war, dann ist er einfach aufgestanden und hat mich ignoriert. Das hab' ich als die schlimmste Bestrafung

empfunden. Er hat mir nicht die geringste Chance gegeben, mich gegen ihn zu wehren oder gar zu hassen.«
Das Telefon klingelt, aber Richter beachtet es nicht.
»Wenn er mich ignorierte, saß ich da mit meinem Haß und konnte ihn nicht ausleben.«
»Und wie reagieren Sie heute, wenn Sie jemand ignoriert?«
»Ich kämpfe dann auf meine Weise.«
»Und wie tun Sie das?«
Richter, der 1991 emeritierte und die Leitung des von Alexander Mitscherlich gegründeten berühmten Sigmund-Freud-Instituts in Frankfurt übernahm, erzählt ein Beispiel:
»Ich habe das Sigmund-Freud-Institut übernommen, das wirklich auf die beschissenste Weise heruntergewirtschaftet worden war, wo all diese Sektierer sind. Wenn ich die schon sehe, wird mir übel. Diese Mischung aus Arroganz und sektiererischer Selbstüberschätzung und zugleich mangelnder Verantwortung. Da hab' ich mir vorgenommen, diese Brüder und Schwestern da ordentlich anzufeuern.«
Der pensionierte Professor, der kurz vor seinem einundsiebzigsten Lebensjahr steht, setzt hinzu:
»Ich stärke meine Position, daß die merken, ich bin noch da, bin noch genau so potent wie früher. Psychisch und physisch.«
Richter ist in den letzten Jahren zu einem scharfen Kritiker der psychoanalytischen Organisationen geworden. Mit deutlichen Worten hat er den Elfenbeinturm der unpolitischen Seelenforscher und das antiquierte System der Analytikerausbildung angegriffen. Er selbst hat nach dem Krieg nur zwei sehr kurze Lehranalysen ge-

macht, die erste sogar abgebrochen. Seine Erinnerungen an die eigene Ausbildung im Nachkriegs-Berlin sind beklemmend. Er studierte Medizin, Psychologie und Philosophie und suchte sich als Thema seiner Doktorarbeit »Phänomenologie des Schmerzes«. »Unbewußt«, sagt er, »suchte ich wohl einen Weg, mit dem eigenen unbewältigten Schmerz umzugehen.«

Er erlebte, wie Professoren ihre Patienten zwangen, bei den Visiten stramm neben ihren Betten zu salutieren wie Rekruten und der Direktor der Universitätsnervenklinik Prof. Selbach in der Vorlesung sagte: »Es ist ein Jammer, daß man Psychopathen nicht mehr mit Gewalt die Fortpflanzung verbieten darf.« Die nazistische Psychiatrie wurde weitgehend nach dem Krieg fortgesetzt. Richter begann Kritik zu üben, was durch seine Heirat noch verstärkt wurde, denn seine Frau war Tochter eines religiösen Sozialisten, der bereits kurz nach der Machtübernahme als Pädagogikprofessor entlassen worden war.

»Die Studenten und Assistenten schimpften abends beim Bier über den alten Ungeist, aber keiner hat es gewagt, dem autoritären Chef die Meinung zu sagen. Alle hatten Angst um ihre Karriere. Ich tat das und wurde bestraft, durfte ein halbes Jahr die Bibliothek nicht betreten und bekam erst eine Stelle als Assistent, als ich bereits fünfunddreißig war. Damals hatten wir schon drei Kinder, die mußten, wenn in der Schule nach dem Vater gefragt wurde, immer sagen: Vater ist wissenschaftliche Hilfskraft.«

Seine Frau Bergrun, eine junge Lehrerin, finanzierte dem Spätentwickler das Studium. »Sie hat«, sagt Richter, »schweres Asthma, das sie inzwischen aber wunderbar beherrscht.«

»Eine psychosomatische Angstkrankheit. Hat Ihre Frau eine Psychoanalyse gemacht?«
Richter lacht ein bißchen:
»Nein, nein, niemals. Sie hat den Dschungel dieser zum Teil verdeckten, intriganten Beziehungen in der analytischen Hierarchie durchschaut und deshalb keine Analyse gemacht.«
»Hat das Asthma Ihrer Frau vielleicht etwas mit Ihnen zu tun? Sie sind sechsundvierzig Jahre mit ihr verheiratet.«
»Ich halte nichts davon, innerhalb der Familie herumzudeuten. Das kann Beziehungen nur zerstören, denn durch so etwas kann Abhängigkeit entstehen.«
Unser Gespräch wendet sich noch mal dem Krieg zu. Ich möchte wissen, wie er das Ende 1945 erlebt hat.
»Im Januar kam ich völlig ausgehungert in einem Güterwagen aus Innsbruck, wo ich in Kriegsgefangenschaft gewesen war, schlug mich bis zur Zonengrenze durch und dann in völlig überfüllten Zügen bis nach Berlin. Durch die zerbombte Stadt lief ich bis in unsere Straße, die Nestorstraße, in der ich meine Kindheit erlebt hatte. Hundert Meter vom Kurfürstendamm entfernt. Das Haus war halb eingestürzt, die Fassade war durch eine Bombe heruntergefallen, aber das Hinterhaus war noch bewohnbar. Ich ging die Treppe rauf und machte die Tür auf von dem Teil der Wohnung, der noch stehengeblieben war. Da kam mir ein junges, ungarisches Ehepaar entgegen. Die empfingen mich ganz erschrocken und bedrückt. Als ich fragte: ›Wo sind denn meine Eltern?‹, da guckten sie mich bedauernd an und erzählten mir, daß meine Eltern tot sind. Sie seien ermordet worden. Viel mehr wußten sie auch nicht. Mein Traum nach vier Jahren Krieg und Soldatenzeit, nämlich da wieder anzu-

knüpfen, wo ich aufgehört hatte, also in der Familie, war mit einem Schlag zu Ende. Ich stand allein da. Und meine besten Schulfreunde waren auch gefallen. Ich bin völlig zusammengekracht und bekam eine schwere Lungenentzündung. Psychosomatisch bedingt. Ich mußte ins Krankenhaus.«

»Sie wollten sterben?«

»Ja, ich erinnere mich jetzt«, er nickt mit dem Kopf und fügt leise hinzu, »ich wollte eigentlich nicht wieder gesund werden. Ich hatte das Gefühl, jemand muß sich um mich kümmern. Ich bin ein armes, kleines Wesen, ich bin lebensunfähig.«

Nur das Hausmädchen war übriggeblieben, das machte er ausfindig und erfuhr von ihr die furchtbare Wahrheit.

»Meine Eltern gingen, das war Juni 1945, durch den Wald spazieren. Da kamen plötzlich ein paar betrunkene Russen, und die wollten sich auf meine Mutter stürzen, um sie zu vergewaltigen. Aus den Spuren, die man hinterher gefunden hat, konnte festgestellt werden, daß sie versucht hat wegzulaufen und mein Vater sich offenbar gewehrt hat. Und dann haben sie beide erstochen. Was aus den Russen geworden ist, die meine Eltern so grauslig ermordet haben, weiß ich nicht.«

Ich denke, jeder hätte seitdem Haß auf Russen, zumindest ein starkes Mißtrauen. Nicht so Richter. Er sagt: »Die Russen als Feinde hatte ich nie im Kopf« und spricht von der »seelenvollen Liebenswürdigkeit der russischen Menschen, denen wir im Krieg soviel angetan haben«. Sitze ich einem Heiligen gegenüber, einem wiedererschienenen Jesus? Oder aber einem Meister der Verdrängung?

»Aus dem Krieg«, fährt er fort und beantwortet damit

vielleicht meine Fragen von selbst, »hatte ich alle möglichen Techniken drauf, wie man überlebt. Ich mußte gucken, wie ich wieder in die alte Wohnung komme, das Dach repariere, Wände und Fenster abdichte. Hab' mich dann orientiert, wie ich mein Studium wiederaufnehmen kann. Ich funktionierte blendend und bewältigte die Alltagsprobleme. Aber innen drin war ich ein zerstörtes Würstchen. Ich lernte dann meine Frau kennen, und unsere Hochzeitsreise haben wir an die Priegnitz gemacht. Da haben wir auch kirchlich geheiratet.«

»Was? Sie haben dort geheiratet, wo Ihre Eltern ermordet wurden? Wie makaber.«

»Wieso?« fragt Richter zurück. »Ich kannte den Ort seit meiner Kindheit. Dort war ich mit meinem Vater oft auf der Jagd gewesen. Und ich hab' da versucht, meine Männlichkeit zu beweisen, indem ich mit meinem Vater Tiere geschossen und Fallen gestellt habe für Hermeline, Iltisse und Marder. Bis heute werde ich bestimmte schreckliche Erlebnisse nicht los, die ich dabei hatte. Zum Beispiel wie ein lahm geschossener Hase, der von unserem Hund gehetzt wurde, Todesschreie ausstieß. Oder an einen Fasan, den der Hund anbrachte und der schon fast tot war, aber dessen Augen im Kopf immer noch in ungeheurer Erregung zitterten. Nach dem Krieg hätte ich nie wieder auf ein Tier schießen können, aber damals, als Junge, war ich in einer Zeit, da ich Lust darauf hatte . . .«

Er bricht abrupt ab und schüttelt verneinend den Kopf, so als wolle er nicht wahrhaben, daß er sogar tötete, um vom Vater akzeptiert zu werden.

UDO JÜRGENS

Chansonnier, Komponist

Als Udo Jürgen Bockelmann am 30. Sept. 1934 in Klagenfurt geboren. Ab 1948 studierte er Klavier, Gesang und Kompositionslehre am Konservatorium Klagenfurt. Begann seine Karriere beim Österreichischen Rundfunk und beim Britischen Soldatensender BFN. Auftritte beim »Grand Prix de la Chanson« 1964 und 1965 verhalfen ihm zum Durchbruch.
1965 erhielt er seine erste Goldene Schallplatte. Für »Siebzehn Jahr, blondes Haar« erhielt er einen Goldenen Löwen von Radio Luxemburg. Komponierte für Shirley Bessey und Sammy Davis jr. Schrieb für die Fußballweltmeisterschaft 1978 »Buenos dias Argentina«. Musizierte mit den Wiener Symphonikern und komponierte und dirigierte 1979 für die Berliner Philharmoniker »Wort«.
Sein Chanson ›Gehet hin und vermehret euch‹, das die Haltung der Katholischen Kirche zur Empfängnisverhütung anprangert, erhielt in vielen Radiostationen Sendeverbot.
Schrieb über 500 Lieder, Schlager und Chansons.
U. a. »Merci Chérie«, »Lieb Vaterland«, »Zeig mir den Platz an der Sonne«, »Griechischer Wein«, »Ehrenwertes Haus«, »Aber bitte mit Sahne«.
Lebt in Zürich und an der Algarve.
Zwei Kinder: Jonny (geb. 1964) und Jenny (geb. 1967).

Der Mann im Smoking am gläsernen Flügel mit der einschmeichelnden Stimme, der junge Mädchen in Ekstase und etwas ältere Mädchen in Verzückung singt, ist ein Phänomen. Vor fünfundzwanzig Jahren stand er auf der Idolliste der deutschen Jugend, ermittelt vom Wickert-Institut, direkt hinter John F. Kennedy.

Heute ist er sechzig und füllt immer noch Hallen und Stadien in den Metropolen Europas.

Wer die Boulevardblätter mit den fetten Buchstaben regelmäßig verspeist weiß, wer Panja Jürgens ist, warum es mit ihr nach fünfundzwanzig Ehejahren zu Ende gehen mußte, daß dann Corinna (28) kam, die blonde Medizinstudentin. Und überhaupt die Frauen, je jünger, desto begehrter. Der Leser weiß Bescheid.

Wir treffen uns im Kölner Nobelhotel »Maritim«, fahren aber, da er Hunger hat und nicht in »so einem feinen Schuppen« essen will, in das Studentenrestaurant »Spiga d'Oro« am Zülpicher Platz.

Zwischen Weißwein aus der Kanne und Vorspeisenteller stelle ich mein Mikro auf.

»Sie gelten als ein wilder Konsument junger Mädchen. Drei nach jedem Konzert. Stimmt das?« frage ich.

»Früher hab ich's übertrieben«, er knöpft seine schwarze Lederweste auf und füllt das Glas, »aber natürlich nicht so wahnsinnig, wie die Presse mir das unterstellt hat. Mit jemandem nach einem Konzert zusammensein und die Einsamkeit nach so einem Wahnsinnsstreß zu teilen, das war schon lebenswichtig. Tatsache ist, daß ich in den ersten Jahren meiner Bühnenlaufbahn versucht habe, alles nachzuholen, was ich in der Kindheit und Jugend nicht durfte.«

»Wie war die erste Liebe?«

Aufgewachsen ist er in einem kleinen Ort bei Klagenfurt in Kärnten, erzählt er, »achthundert Meter hoch gelegen und von Gott und der Welt verlassen«. Er erinnert sich genau, er war vierzehn und sie fünfzehn. Ihr Vater hatte einen Laden im Nachbardorf, und zwischen den beiden Orten lag ein idyllisches Wäldchen. Da trafen sich die beiden heimlich nach der Schule oder an den Wochenenden.

»Da passierten die unglaublichsten erotischen Dinge«, er schmunzelt, legt Messer und Gabel, die er schon in Händen hielt, wieder weg, weil er gern erzählen möchte, »unglaubliche Dinge, die aufregendsten Träume, ohne daß es zum letzten kam. Natürlich. Ich hatte ja diese ritterliche Erziehung genossen, das heißt, man mußte ein Mädchen beschützen, für sie durchs Feuer gehen und für sie sterben können. Das Sterben wäre die kleinste Übung gewesen.«

Er lacht wie ein großer Junge, gabelt jetzt ein Stückchen von der Vorspeise, legt sie gleich wieder beiseite. Ganz erregt und euphorisch wird seine Stimme:

»Sie war ein unerhört knackiges Mädchen mit einer Wahnsinnsfigur und sexy bis zum Gehtnichtmehr. Daß es nur beim Träumen blieb, war ein großer Fehler, denn eines Tages kam ein Weinhändler. Der hatte ein Gut, ein dickes Auto, war dreißig, also für mich ein Greis, und der hatte diese ritterlichen Bedenken schon am ersten Abend nicht. Ich hab' gedacht, ich bring' mich um. Ernsthaft. Glücklich werde ich in meinem Leben sowieso nie wieder sein können, dachte ich. Klar. Aber für einen Selbstmord war ich zu feige.«

»Haben Sie das Mädchen jemals wiedergesehen?«

»Ich traf sie kürzlich wieder nach einem Konzert in Klagenfurt. Sie saß in der letzten Reihe im Saal, jemand sagte mir: ›Das da ist sie‹. Ich sah eine Frau mit schlohweißem Haar und hab' mit ihr gesprochen und, ich will ehrlich sein, ich war dankbar, daß das Leben uns auseinandergenommen hat. Wirklich, ich hab' dem Leben auf Knien gedankt, daß meine Biographie sich anders entwickelt hat.«

»Hat sie den Weinhändler etwa geheiratet?« frage ich.

»Ja«, lacht Jürgens, »der hat jetzt das Vergnügen. Ich könnte mir nicht vorstellen, mit einer gleich alten Frau zusammenzusein. Ich hab' ja schon Probleme mit der langweiligen Männergeneration, der ich angehöre.« Doch damals war's ein Drama für den strengerzogenen Jungen aus gutem Hause.

»Was ich gelernt habe aus diesem Kindheitsdrama, daß man seine Gefühle nicht vergessen darf, zu denen man einmal fähig war. Auch deshalb, um mit Kindern heute ganz anders umzugehen, als unsere Eltern das mit uns getan haben. Für die war das doch nur Kinderkram. Ein Wort, das bis auf den heutigen Tag in meinem Lexikon«, er klopft an die rechte Schläfe, »nicht vorkommt. Ich hasse das.«

Jürgens leidet unter seinem falschen Image. Er leidet unter dem, was er den »intellektuellen Hochmut vieler Journalisten« nennt, trägt immer noch die Narben alter

Verwundungen aus der Zeit, als er schöne, aber harmlose Liedchen sang, singen mußte. Sein damaliger Manager, der absolute Alleinherrscher im deutschen Schlagergeschäft, Hans R. Beierlein, hatte ihn festgelegt auf diese Rolle.

»Die Trennung von Beierlein«, sagt er, »war der wichtigste Schritt in meinem Leben.«

»Aber er hat Sie entdeckt. Vorher waren Sie ein Niemand.«

»Klar«, gibt er zu, »aber ich war bis zu unserer Trennung 1977 nach dreizehn Jahren nicht wirklich ich selbst.«

Als er mit einem Schlage berühmt wurde, in einer Woche sein Konterfei auf den Titelseiten von drei verschiedenen Illustrierten lächelte, sah er sich berühmt, begehrt und gleichzeitig innerlich zerbrochen.

»Das hab' ich nicht verkraftet«, er schüttelt den Kopf, schlägt die Hände zusammen. »Vor jedem Auftritt hab' ich eine Flasche Wodka getrunken und nur drei Stunden geschlafen. Acht Jahre hab' ich keinen Tag Urlaub gemacht. Ich frage mich immer noch, wie ich das durchgehalten habe. Dabei hab' ich ausschließlich von meinem Talent gelebt. Mein Manager hat immer gesagt: ›Udo, du brauchst keine Proben, das machst du mit deinem Charisma!‹ Und so bin ich dann auf die Bühne gegangen.«

Das Etikett des kleinbürgerlichen »Schnulzensängers«, fürchtete er, klebt immer noch an ihm.

Udo Jürgen Bockelmann erzählt also gern, daß er in einer großbürgerlichen Familie aufwuchs. In dieser riesigen Sippe gab es die Freiherrn de la Motte-Fouqué, Generäle und Dichter, aber die sind eher was für die Ahnentafel. Wirklich geprägt hat ihn sein Großvater, Privatbankier in Moskau, Gründer und Chef der »Junkerbank«.

»Er war der erste Mensch in Moskau«, Jürgens berichtet es voll Stolz und Respekt, »der um die Jahrhundertwende ein eigenes Automobil besaß und damit über den Roten Platz und durch die Straßen kutschierte. Im riesigen Haus, in dem er wohnte, ist heute das Polizeipräsidium. Während der Revolution mußte er mit seinen fünf Söhnen, darunter meinem Vater, nach Schweden in einem der letzten Eisenbahnzüge, die durchkamen, nach Stockholm flüchten. In Verkleidung und mit angeklebtem Bart. Er besaß nichts mehr, nur noch das, was er auf dem Leib trug und ein bißchen Schmuck.«
Er greift schnell zur Gabel, um von der Vorspeise zu nehmen. Gute, bürgerliche Erziehung, wenn ein Bissen im Mund ist, darf nicht mehr gesprochen werden.
»Großvater konnte Goethe und Schiller und die russischen Klassiker auswendig. Ein Stichwort genügte, und er zitierte seitenweise. Er war so gebildet und respektabel, daß andere Leute sich ihm nur gebückt näherten.«
»Dieser Mann hat Sie sehr geprägt?«
»Ich war das physische Gegenteil von diesem Riesen, der als junger Deutscher ins Zarenreich geholt wurde als Finanzexperte. Ich war ein kränkliches Kind, konnte aber mit fünf Mundharmonika spielen, mit sieben Ziehharmonika. Meine Begabung hat er wie ein Kleinod behandelt. Vaters Muttersprache war Russisch. Er war ja in Moskau geboren. Zu Hause wurde Russisch, aber auch Deutsch und Französisch gesprochen. Vater hat mir Gedichte von Gorki vorgelesen, als ich Kind war. Im Original natürlich. Ich hab' nichts verstanden, aber die Musik dieser Sprache hat mich verzaubert.«
Doch die Verbindung zu dem verehrten, alten Herrn riß in den letzten Jahren ab. Er war wieder unermeßlich

reich geworden, heiratete noch mal, nachdem seine erste Frau sich aus dem Fenster gestürzt hatte. Der freiwillige Tod von Jürgens Großmutter blieb ein ungelöstes Geheimnis, bis heute.

»Er bewohnte eine riesige Villa in Meran, lebte wie ein einsamer Großfürst mit seiner Frau. Doch völlig zurückgezogen. Auch wir durften ihn nicht mehr besuchen. Die Prunkvilla hab' ich als Kind niemals sehen dürfen, ich kannte sie nur von Fotos.«

Ich gucke erstaunt, sage nichts, weil ich den Fisch genieße.

»Ich war ein Kind und viel zu ohnmächtig.« Jürgens macht eine ehrfurchtsvolle Geste mit beiden Händen, die sagen soll, dieser Mann war ein unnahbarer Riese.

»Opa kam, wenn er kam. Man ging zu ihm, nur wenn man gerufen wurde. Das war ungeschriebenes Gesetz in der Familie. Die Autorität dieses Mannes kann man sich heute nicht mehr vorstellen. Der ist beim Zaren ein und aus gegangen, hat für Rußland Wirtschaftspolitik gemacht. Der Zarenhof hat ja deutsche Techniker, Bänker und Wirtschaftsexperten geholt. Opa war einer von denen.«

Jürgens setzt die große Brille ab, ergeht sich in seiner Familiengeschichte, berichtet von Onkel Werner Bockelmann, der Oberbürgermeister von Frankfurt wurde, von Erwin, der Chef der BP in Hamburg und Präsident des Weltölkongresses war. Der einzige, der noch lebt, ist Onkel Jonny, der in russische Kriegsgefangenschaft kam.

»Dadurch, daß in seinem Paß stand, geboren in Moskau, kam er in den Verdacht, ein Spion zu sein. Er hat mir erzählt, wie er im Lager morgens aufgewacht ist zwischen zwei Leichen. Die Gefangenen mußten zu dritt auf einer Pritsche schlafen, und seine Kameraden sind bei minus fünfundzwanzig Grad verhungert und erfroren. Das war im Archipel Gulag. Auf dreißig Kilo war er abgemagert, bekam Ruhr und Lungenentzündung, spuckte Blut, hatte Parkinson. Er hat das aber alles überlebt, und das sogar mit Witz und Humor. Ein unglaublich frischer Geist.«

Wenn Udo Jürgens es irgendwie arrangieren kann, fährt er regelmäßig über Frankfurt, wo der alte über achtzigjährige Herr lebt.

»Für mich«, sagt er, »ist es so wichtig, mit dieser vergangenen Epoche in Berührung zu kommen.«

Der unendlich reiche, unnahbare Großvater beschenkte die Söhne fürstlich. Udo Jürgens Vater erhielt in Kärnten das Schloß Otmanach, ein achthundert Jahre altes Schloß, das heute der englischen Linie des Fürsten Metternich gehört.

»Woher wissen Sie das alles so genau?« frage ich nach, während er rasch noch einen Bissen nimmt.

»Wir wurden nicht zum Geldverdienen erzogen, sondern zu Tradition und Tugenden des Großbürgertums.«

Seinen Vater beschreibt er als einen »Patriarchen, aber er konnte trotzdem warmherzig und musisch sein. Mit achtzig hatte er noch volles, schwarz glänzendes Haar«.

Udos Kindheit war eher arm, obgleich das Schloß riesig war, es Personal gab und zwei Flügel zum Musizieren. Er lacht:

»Großvater hat uns dieses Schloß hingeknallt und zu meinem Vater gesagt: ›Jetzt lebe und wirtschafte.‹ Aber der landwirtschaftliche Betrieb hat das Haus aufgefressen. Die Kosten für das riesige Haus waren unbezahlbar.

Mein Vater mußte auf jeden Pfennig aufpassen und war furchtbar knauserig.«

»Die Familie erschien nach außen reich, war aber in Wirklichkeit arm?«

»Ja, so war das, und ich hatte Blinddarmentzündung, ständig war mir schlecht, ich war spindeldürr, im Sport nicht leistungsfähig, hatte vierzehnmal Mittelohrentzündung. Und auf der Schule wurde ich gnadenlos geprügelt. Die Schule und unser Lehrer, ein körperbehinderter Zwerg, was für eine Qual. Dieser Lehrer«, er betont jedes Wort mit schmerzverzerrtem Gesicht, »hat uns gnadenlos geprügelt. Wir mußten zum Beispiel eine halbe Stunde auf angespitzten Holzscheiten knien. Oder wir wurden in eine kleine Nische hinter den Kanonenofen gesperrt«, er zeigt mit beiden Händen etwa einen Meter, »und den Ofen hat er dann angeheizt, bis er so heiß wurde, daß man ihn nicht mehr anfassen konnte. Da mußten wir dann eine Stunde stehen, bis wir fast ohnmächtig wurden. Ein Sadist schlimmster Sorte war das.«

Vater Bockelmann war zwar Bürgermeister des kleinen Kaffs, aber auch er konnte gegen den sadistischen Lehrer nichts ausrichten.

Die Männer waren im Krieg, es gab sonst keine Lehrer. Die Zeiten waren eben so, und die Kinder dachten, daß Schule so zu sein hatte. Udo nimmt hastig zwei Gabeln vom Salat.

»Als Kind hab' ich's ja erlebt, zurückgestellt zu sein, weil ich nicht so stark wie die anderen war. Schwächlinge nannte man damals solche Kinder abfällig. Spindeldürr war ich wie ein Biafrakind und totenblaß, hüstelnd, immer mit Bronchialproblemen. Früher hat man

gesagt, der hat die Schwindsucht und macht's nicht mehr lange.«
»Waren Sie magersüchtig?«
»Den Begriff gab's damals ja noch nicht. Aber ich hab's gehaßt, zu essen. Meine Erzieherin saß am Tisch und befahl: ›Der Teller wird leer gegessen.‹ Natürlich glaubten meine Eltern, daß das so richtig sei. An manchen Tagen saß ich von mittags zwölf bis nachmittags halb vier vor dem kalten Teller und hab' Brechreiz gehabt. Tillie, so hieß unsere verhaßte Erzieherin, bestand darauf: ›Du ißt jetzt zu Ende!‹ Der Teller muß aufgegessen werden: Das war damals eine Maxime des Lebens. Wer das nicht voll Dankbarkeit tut, ist ein Charakterschwein.«
»Haben Sie sich bei den Eltern über das teuflische Weib nicht beschwert?«
»In unseren Kreisen wurde eine strenge Erzieherin engagiert und«, er betont den Satz, daß er wie ein pfeifender Rohrstock klingt, »und die hat im Auftrag der elterlichen Autorität gehandelt und uns Kinder erzogen. Ja, erzogen im wahrsten Sinn des Wortes. Mit Gewalt. Als Kinder hatten wir keine Rechte. Ich bin in einem sogenannten vornehmen Haus aufgewachsen.«
Er macht eine Pause, meint dann leise:
»Aber heute sage ich das ohne Bitterkeit.«
»Haben Sie mit Ihren Eltern später gebrochen?«
»Nein, mein älterer Bruder hat das getan, der hat den Eltern dieses strenge System vorgeworfen. Ich nicht in dem Maße.«
Aus der Stereoanlage hinter der Theke tönt die strahlende Stimme von Luciano Pavarotti, doch sein »O sole mio« versinkt im Lärm des Restaurants wie die rote Sonne bei Capri.

»Ich war ein unglückliches Kind. Wirklich extrem. Ich war das unglücklichste Kind auf der Welt. Was ja niemand glaubt, ich hab' auf einem Schloß gelebt, hatte musische Eltern. Trotzdem, ich empfand das Leben als Strafe und fragte mich, wofür ich denn derart bestraft werde. Die Schule machte mich für jedes Lernen unfähig. Was ich da an Greuel und Gewalt erlebt hab', hat mich unfähig gemacht. Ich war ein miserabler Schüler. Diese totale Entrechtung der Kinder, man kann sich das heute nicht vorstellen. Es war furchtbar.«
Udo Jürgens nimmt einen schnellen Schluck, so als wolle er einen uralten Schmerz hinunterspülen.
»Kindheit war für mich eine absolute Katastrophe. Ich hatte kein Recht auf Liebe.«
»Auch von den Eltern nicht?«
»Die Liebe zwischen Eltern und Kindern war damals ja viel distanzierter als heute.«
Seine Falten über der Nasenwurzel vertiefen sich, die Augenbrauen ziehen sich zusammen, die Stimme wird schneller:
»Dieses ewige Allein-in-einem-Bett-Liegen und Schlafen und Sehnsüchte-Haben nach Zärtlichkeit und Umarmung, die von niemandem befriedigt wurden. Wie entsetzlich hab' ich darunter gelitten. Das war Wahnsinn. Als Kind hab' ich eine derart starke Sehnsucht nach Liebe gehabt, auch nach Sexualität . . .«
»Schon als Kind?«
»Ja. Auch nach Sexualität, das muß ich schon sagen, bereits als Kind. Aber alles war verboten, alles war unschicklich. Das macht man nicht, hieß es dann. Die Autorität von Schule und Gesellschaft war gnadenlos. Es war gar kein Thema, daß man etwa versucht hätte, einem

Erwachsenen zu widersprechen. Der Autorität war«, das Stakkato der Stimme steigert sich, »hundertprozentig zu folgen. Das war militant, auch in der Fa ...«. Er will »Familie« sagen, verschluckt das Wort aber sofort und sagt: »Auch in den anderen Bereichen des Lebens. Das hat man ja alles viel zu sehr vergessen. Das wäre undenkbar gewesen, daß die Eltern mit ihren Kindern schmusen.« Trotzdem wird er nicht müde zu betonen, daß seine Mutter »ein wunderbarer, intelligenter Mensch gewesen ist«.

Aber dann nach einer kurzen Pause sagt er:

»Ich erinnere mich noch, als mein Sohn vielleicht fünfzehn oder sechzehn war, da kam Mutter und flüsterte mir ins Ohr: ›Wenn du den Jonny in den Arm nimmst und küßt, denkst du nicht, daß dieser hübsche Junge schwul wird?‹.«

Er lacht mit bitterem Unterton.

»Ich kann dich beruhigen, hab' ich Mutter gesagt, Homosexualität liegt in den Genen, das hat mit ganz normaler Zärtlichkeit nichts zu tun. Verstehen Sie, sie wußte das nicht, ich mußte die alte Dame darüber aufklären. Aber so war die bürgerliche Erziehung damals. Und meine natürlich auch.«

Die Wirtin vom »Spiga d'Oro« bringt dampfende Lasagne.

»Als Kind hab' ich nur an hochgerutschte Röcke, an Ärsche und Titten gedacht. Mit fünf oder sechs ging das los. Ich hab' natürlich nicht die geringste Chance gehabt, was zu erleben.«

Udo greift zur Gabel, legt sie gleich wieder weg, weil er so erregt ist.

»Wenn's um dieses Thema geht, ist die Gesellschaft ja unglaublich unehrlich. Aber wenn ich an meine eigene

Entwicklung denke, dann hab' ich damals eine erhöhte und wichtige Sexualität erlebt, die ganz und gar natürlich war. Uns hat man doch eingeredet, durch's Onanieren rutsche einem das Rückenmark raus, man verblöde geistig. Ich hab' das geglaubt. Heute weiß ich, daß genau das Gegenteil richtig ist.«

Er lacht schallend.

»Je mehr und liebevoller du dir einen Orgasmus verschaffst, desto reger bleibt der Geist, desto beweglicher bleibt der Körper.«

»Waren vielleicht die Eltern selbst zur Liebe unfähig?«

»Oh, das ist hart formuliert. Nach damaligen Maßstäben nicht, nach heutigen schon eher. Meine Mutter hat natürlich nie mit einem anderen Mann etwas gehabt, außer mit meinem Vater. Als sie alt war, hat sie mir mal ganz leise anvertraut: ›Ich hätte mal so gerne mit einem anderen gefickt.‹ Ich dachte, ich hör' nicht richtig, ich wäre fast vom Stuhl gefallen. Und mein Vater hat mich mal ganz bedeutungsvoll zur Seite genommen und mir gestanden: ›Früher war ich ein ganz wilder Hund.‹ Und dann hat er mir gebeichtet, daß er mit zwei oder drei Frauen was gehabt hatte in seinem Leben.«

Als im Dritten Reich im fernen Berlin die Generäle gegen Hitler putschten, war Jürgens gerade zehn Jahre alt. Alt genug für die DJ, die Deutsche Jugend, und auch noch die HJ, die Hitlerjugend.

Seine Eltern waren national denkende Deutsche, aber keine Nazis. »Vater wurde noch kurz vor der Kapitulation ins KZ Klagenfurt gesperrt, weil er seine Familie aus Kärnten rausbrachte und nach Norddeutschland in einem rumpelnden, offenen Lastwagen fuhr.« Er hatte Angst vor den anrückenden Russen. Die Partei legte ihm

das als »Fahnenflucht« aus. Drei Monate war er verschwunden, niemand wußte, wo er abgeblieben war.
»Und Sie«, frage ich, »war der kleine Udo von Marschmusik und Fahnenschwingen nicht begeistert?«
»Den Faschismus habe ich in meiner kindlichen Naivität kennengelernt. Als einmal der Jugendschaftsführer von Kärnten in unser Dorf kam, ein mächtiger Mann, der konnte Schicksale entscheiden. Der hat also unseren kleinen Haufen Jungens besichtigt. Nicht älter als achtzehn war der, aber mit einer ungeheuren Macht ausgestattet. Wir mußten alle vor ihm antreten. Doch ich hatte den obersten Knopf der Uniform nicht ordentlich zugemacht. Er holte mich also vor, ein Bulle von Mann, ein Athlet mit ganz kurzen, blonden Haaren. Und ich ein zehn Jahre alter Schwächling. Mit voller Wucht hat der mir dann eine aufs linke Ohr gehauen, daß mir das Trommelfell geplatzt ist. Ich bin zu Boden gefallen und bewußtlos liegengeblieben. Blut lief mir aus dem Ohr. Deshalb hatte ich jahrelang diese Mittelohrentzündungen, die ich einfach nicht wegbekam. Noch heute höre ich auf dem linken Ohr schlechter.«
Ich starrte ihn an. »Wissen Sie, wer dieser Kerl war, und haben Sie ihn ausfindig gemacht?«
Er schweigt, sagt dann mit einem Kopfschütteln:
»Ich sehe ihn noch vor mir. Aber Rachegefühle, nein, die hab' ich nicht. So was ist mir eigentlich fremd.«
Wir schweigen beide, widmen uns dem Essen. Nach einer Weile des Nachdenkens meint er:
»Vielleicht hat das Handicap an meinem Ohr dazu geführt, daß ich immer genauer hingehört habe. Alle negativen Erlebnisse können sich ja in positive Kräfte umwandeln, oder?«

»Ich denke, diese Gewalt, die Sie in den frühen Jahren erlebt haben, hat sich bestimmt in Ihren Kinderträumen irgendwie abgebildet.«
Er schaut mich einen Moment an, daß ich erschrecke. Zwei tiefe Falten der Angst zucken über seine Stirn.
»Ja. Ich hab' mein ganzes Leben lang Alpträume gehabt. Bis auf den heutigen Tag. Und das seit meiner frühesten Kindheit. Früher war das so schlimm, daß ich jede Nacht«, er hebt die Hand, bewegt sie rhythmisch auf und ab, »jede Nacht bis zu meinem vierzehnten Lebensjahr immer um dieselbe Uhrzeit, so etwa Viertel nach elf, mit einem Schreikrampf aufgewacht bin. Meine Mutter mußte dann kommen und alle Lichter im Zimmer anmachen, mußte mich aus dem Bett hochnehmen. Ich hab' weitergeschlafen und immer weitergeschrien, als würde ich gefoltert. Es dauerte dann immer so ungefähr eine viertel Stunde, bis ich ganz langsam wahrnahm, was im Raum passierte. Dann hab' ich mich langsam beruhigt.«
Er blickt mich an, gestikuliert noch immer mit beiden Händen:
»Von meinem vierten bis zu meinem vierzehnten Lebensjahr war das so.«
»Was waren das für teuflische Träume?«
Er runzelt die Stirn, kneift die Augen zusammen wie jemand, der einen tiefen Schmerz empfindet, ihn aber nicht beschreiben kann:
»Die waren surrealistisch, hatten aber eine unglaublich reale Bedeutung. Gesehen hab' ich drehende Walzen, gefährliche Dinger. Dazu hörte ich eine quälende, schrille Musik. Ich kann's schwer beschreiben.«
»Werden Sie heute noch von solchen Alpträumen verfolgt?«

»Der größte Teil meiner Träume heute sind immer noch Alpträume. Neben erotischen Träumen natürlich.«
»Haben die qualvollen Visionen sich verändert im Laufe der Jahre?«
Er überlegt.
»Ja, nach der Pubertät wurden sie realistischer. Ich begegnete dann Mördern, die mich umbringen wollten. Ich erlebte Erschießen, Erstechen, Wasser, in dem ich ersäuft wurde. Tausende Formen des Todes bin ich gestorben.«
»Die nächtlichen Foltermaschinen hatten etwas Erotisches, Sexuelles?«
»Ja, absolut. Es waren sexuelle Träume, ohne daß ich jemals einen Menschen gesehen hätte. Nein, das nie.«
»Im strengen Elternhaus hatten Sie sicher Angst vor Sexualität?«
»Ja, schon«, sagt er sofort, »weil ich mich als Kind schuldig gefühlt habe, daß ich Hand an mich legte und daß ich versucht habe, meinen Cousinen unter den Rock zu gucken.«
Die Wirtin bringt neuen Wein. Nachdem Udo Jürgens in schnellem Tempo, fast ohne Pause über die dunkle Seite seiner Kindheit erzählt hat und das in einer Offenheit, wie es wohl nur jemand tun kann, der diese Ängste verarbeitet hat, sagt er nachdenklich und leise:
»Ich habe meine Schwächen zu Kreativität umgeformt. Bewundert werden wir doch immer nur für das, was wir leisten. Aber geliebt werden wir einzig und allein für unsere Schwächen.«
»Das ist das Geheimnis Ihrer Beliebtheit?«
»Wenn dich jemand liebt, dann doch nur, weil er spürt, daß da hinter dem Glanz auch Schwäche ist.«

Er macht eine Pause.
»Und für eine Frau ist das dann der Augenblick, in dem sie sich entscheidet für das, was man später Liebe nennt. Liebe verdienst du dir durch Schwäche und nicht durch Stärke.«
»Für einen Spätentwickler wie Udo Jürgens muß der erste Sex mit einer Frau wohl so etwas wie eine befreiende Katastrophe gewesen sein.«
Er lacht und erzählt:
»Ich war zwanzig. In einem Bierzelt hab' ich damals Musik gemacht und ein bißchen Geld verdient. Hab' Klavier gespielt von halb zehn morgens bis vier Uhr früh. Das war in St. Veit, einem schönen, idyllischen Städtchen nördlich von Klagenfurt. Dort gibt's jedes Jahr den Wiesenmarkt, ein Volksfest, das ist so eine Art Oktoberfest en miniature. Da kamen die Bauern hin, die sich die neuesten Landmaschinen angeguckt haben, und die saßen schon vormittags mit dem Maßkrug in der Hand im Zelt und wollten Musik hören. Wenn wir mal spielten ›Wenn der weiße Flieder wieder blüht‹, dann konnte es passieren, daß Bierkrüge auf die Bühne flogen und die Männer geschrien haben: ›Hört auf mit diesem Negerjazz‹. Wir spielten rund um die Uhr ohne Unterbrechung. Wenn die einen schnell ein Würstchen geschluckt haben, mußten die anderen weitermachen. Neben mir am Klavier hatte ich ein Tuch liegen, mit dem hab' ich immer die Tasten abwischen müssen.«
»Die klebten vom Schweiß.«
»Nein, die waren voll Blut. Die Tasten sahen aus wie eine Fleischbank, weil unter den Fingernägeln das Blut raustropfte. Aber natürlich durfte ich nicht aufhören zu spielen. Nur mit einem ordentlichen Quantum Alkohol hab'

ich das durchhalten können. An meinen Handgelenken hingen die Hände gefühllos runter wie Holzscheite, die ich nicht mehr gespürt habe.
Da kam eines Abends eine Fotografin, die die Bauern und Geschäftsleute für Erinnerungsbilder aufnahm, und sie hat mir ein frisches Tuch gebracht. Dann kam sie mit einem Sektkübel mit Eis drin, da hinein hab' ich dann die Hände für einen Moment gehalten. Ach! Das war für mich, als ginge der Himmel auf. Sie hat mich gepflegt, und ich hab' gewußt, sie ist die größte und einzige Liebe meines Lebens. Ich werd' sie nie wieder verlassen.«
Udo lacht spöttisch:
»Ganz klar. Niemals.« Aber er gerät noch immer in Verzückung, wenn er sie beschreibt:
»Sie hatte dunkles, schönes Haar, Mandelaugen, war schlank, aber keine auffallende Schönheit aus dem Pin-up-Kalender. In St. Veit hatte sie ein winziges Dachkämmerchen, da schlief sie. Eines Abends hat sie dann gesagt: ›Komm doch zu mir, ich versorg' deine Hände mit essigsaurer Tonerde.‹ Na, dann hat sie mich mitgenommen, und es ist zum ersten Mal passiert.«
»Ging denn das mit den blutenden Händen?«
»Mit Händen, die nicht mehr greifen konnten«, er lacht, »aber es war natürlich die große Liebe, die alles überdauern würde.« Er nimmt einen kleinen Schluck Weißwein und etwas von der Lasagne. »Seitdem glaube ich an die unendliche Liebe, die einen langen, unendlichen Tag dauert.«
»Wie lange hat diese Ewigkeit gedauert?«
»Nach drei Wochen war das Fest vorbei, und sie ging in ihre Heimatstadt zurück. Und ich in meine.«

Er schweigt einen Moment, sagt dann etwas zögernd: »Ich glaube, sie war noch Jungfrau. Es war schön, aber ich war so tot, wie man nur tot sein kann.«
»Haben Sie noch eine Erektion bekommen?«
»Ja, ja, die war einfach da. Beim Rest hat sie mir geholfen.«
Nein, er hat sie nie wiedergesehen und möchte es auch nicht. Die Erinnerung ist lebendig, und das ist ihm genug.
Die Wirtin verwöhnt uns mit Espresso und Süßspeisen. Udo Jürgens fühlt sich wohl, erbittet sich in vollendeter Höflichkeit von einer Studentin, die am Nachbartisch mit ihrem Freund sitzt, eine Zigarette.
»Wissen Sie«, beginnt er unvermittelt, »ich bin wirklich fähig, Euphorien auszuleben. Und die sind für einen Menschen, der auf der Bühne steht wie ich, die Voraussetzung, Ängste auszuleben.«
»Welche Ängste sind denn das? Die aus der Kindheit?«
»Die schlimmste Angst ist, auf die Bühne zu gehen und da zu versagen. Das ist ein Alptraum.«
»Dann verflüchtigt sich die Angst?«
»Wer die Angst oder auch die Depression nicht akzeptiert, der wird nie wirklich euphorisch sein können. Menschen, die zu Euphorie nicht fähig sind, sind auch nie ganz tief im seelischen Tal. Die haben keine nennenswerten Ängste und keine Depressionen.«
Er fährt sich mit den Händen durch die Haare.
»Und weil ich diese Hochstimmung erleben will, akzeptiere ich auch die Schattenseite.«
»Und welche giftigen Kräuter wachsen in diesem tiefen Tal?«
»Angst vor Krankheit und Alter. Wenn ich so etwas spüre, suche ich den Kontakt zu Menschen.«

»Ist der Sex ein gutes Medikament?«
»Ja, schon, aber der hilft nicht viel. Sobald das Mädchen weg ist, ist auch die Angst wieder da. Aber ich weiß das nicht genau. Das sicherste Mittel ist natürlich, auf die Bühne zu gehen und sofort gefordert zu werden, dann verschwindet die Angst.«
Ich gieße ihm und mir noch einen Schluck Weißen ein.
»Der Mittelpunkt«, sagt er, »ist immer der Augenblick, und die Welt kannst du nur von dieser Mitte aus betrachten.«
»Und Angst vor Krankheit und Alter?«
»Ich bin immer noch unheimlich lüstern auf das Leben. Und Krankheit hab' ich als Kind ja nun wirklich erlebt. Zurückgestellt sein in der Gesellschaft, weil ich nicht so stark war wie die anderen, das hab' ich durchlebt.«
Ich schaue ihn an, betrachte sein Gesicht, rufe mir Kinderfotos von ihm in die Erinnerung.
»Während unseres Gesprächs«, sage ich zögernd, »hab' ich den Eindruck gewonnen, daß Sie eigentlich immer noch ein Kind sind.«
Er nickt und anwortet:
»Das ist ein hohes Kompliment.«
Wir brechen lange nach Mitternacht auf. Als wir zurück im Foyer des eleganten Hotels sind, ist es vorbei mit der langen Reise in die Kindheit. Ein Fotograf hat ihn entdeckt, überschüttet ihn mit Blitzlicht. Er hat wieder ein Star zu sein, muß Autogramme geben und lächeln. Wie immer.

Beck'sche Textausgaben
Grundgesetz
Beck

ROMAN HERZOG

Jurist und Politiker, Präsident des Bundesverfassungsgerichts

Geboren am 5. April 1934 in Landshut. Nach dem Abitur studierte er Jura in München, 1958 promovierte er zum Dr. jur., 1964 habilitierte er sich. Von 1958–1964 arbeitete er als wissenschaftlicher Assistent bei dem Staatsrechtler und späteren bayerischen Kultusminister Theodor Maunz.
1965 erhielt Herzog einen Lehrstuhl für Staatsrecht und Politik an der FU Berlin.
Nachdem er 1970 in die CDU eingetreten war, holte ihn der damalige rheinland-pfälzische Ministerpräsident Helmut Kohl als Landesvertreter dieses Bundeslandes nach Bonn. Im Mai 1978 wurde er im Kabinett Filbinger Kultusminister, 1980 Innenminister unter Lothar Späth.
Als Innenminister versuchte er das Reizgas CS als »Distanzwaffe« gegen Demonstranten einzuführen und eine »Vollstreckungskostenordnung«, mit der Teilnehmer von Sitzblockaden belegt werden sollten, die sich von Polizisten wegtragen lassen. Für Schlagzeilen sorgte eine Auseinandersetzung mit der Datenschutzbeauftragten Ruth Leuze, als bekannt wurde, daß der baden-württembergische Verfassungsschutz 400 000 Hotelmeldezettel auswertete und speichern ließ.
Ende 1983 wurde Herzog Nachfolger vom Präsidenten des Bundesverfassungsgerichtes Ernst Benda.
Er ist Mitverfasser des Kommentars zum Grundgesetz »Maunz/ Dürig/Herzog/Scholz«, ist ordentliches Mitglied der EKD-Synode und war bis 1984 Vorsitzender des Evangelischen Arbeitskreises der CDU/CSU.
Er ist verheiratet und hat zwei Söhne.

Auf dem viel zu großen Glastisch die Plastik eines Paragraphen, gegossen aus Plexiglas, ein Tablett mit Zigaretten für die Gäste, an den Wänden juristische Nachschlagewerke, Akten, aus denen gelbe Zettel zur Markierung wichtiger Texte herausgucken, ein abstraktes Gemälde in Blau, Schwarz und Weiß. Herzogs Vorgänger Ernst Benda, der dreizehn Jahre bis 1983 Präsident war und hier in diesem Büro residierte, hatte das Kunstwerk aufgehängt. Wir lassen uns in die schwere, schwarze Ledergarnitur plumpsen. »Ich hab' dieses Bild immer sehr schön gefunden«, beginnt Herzog in blühendem Fränkisch, »aber seitdem der Mahrenholz (sein Vizepräsident) mir erklärt hat, daß das eigentlich die Darstellung einer venezianischen Festung ist, vor der ein Schiff untergeht, seitdem hab' ich die Wasserleichen im Zimmer.«

Er lacht schallend, öffnet eine flache Metallschachtel, entnimmt ihr mit leicht zitternden Fingern eine »Dannemann Menor«, entzündet sie mit einem Wegwerffeuerzeug aus weißem Plastik. Der blaue Dunst steigt auf und vernebelt leicht sein Gesicht.

»Warum machen Sie«, frage ich, »sobald Sie im Fernsehen erscheinen, so einen finsteren, verbissenen Eindruck? Wo Sie doch so herzhaft lachen können.«

»Weil ich immer nur zu juristischen Problemen befragt werde, da verstehn die Leut halt keinen Spaß – leider.«

»Vielleicht sollten Sie sich von einem Imageberater eine neue Brille verpassen lassen und eine neue Frisur, wie einstmals Helmut Kohl.«
»Sie glauben doch nicht im Ernst«, knurrt er ein ganz klein wenig beleidigt, »daß ich so etwas einem Fremden überlasse. Für so was laß ich niemanden an mich ran.«
»Wer kauft denn Ihre Sachen für Sie ein?«
»Das tut natürlich meine Frau, die hat in solchen Dingen mehr Geschmack als ich.«
»Trotzdem«, sage ich, »Sie machen einen distanzierten Eindruck. Täuscht das?«
»Ich bin ziemlich distanziert, das stimmt, und mit der Äußerung von Gefühlen, da tu ich mich schwer. Das ist halt so.«
Er entzündet von neuem das Zigarillo, das ausgegangen war.
»Das hab' ich von meinem Vater, der war genauso. Und auch von meiner Mutter.«
So reden wir also über seine Kindheit, und er erzählt gern, wie jemand, der beide Beine fest und selbstbewußt auf dem Boden des eigenen Lebens hat. »Die Mutter war eine relativ fürsorgliche Frau, die sich in der Sorge um das physische Wohl ihrer Familie fast aufgerieben hat. Sie hat aber in relativ engen Normen gedacht. Meine wirkliche Freiheit hab' ich erst in den letzten Wochen des Krieges und in der Nachkriegszeit genossen, weil sie in diesen Zeiten natürlich zu viele Sorgen hatte, um sich auf uns Kinder, also meinen jüngeren Bruder und mich, zu konzentrieren.«
Er lacht wieder und schaut mich durch seine große Nickelbrille an.
»Sie war immer darauf aus, daß man nicht irgendwo

anecken und sich anständig verhalten soll. Also den Mund nicht zu weit spazieren führen soll.«
»Sie waren folgsam?«
»Das hat mir nur bis zu einem bestimmten Maß eingeleuchtet.«
»Sie haben widersprochen?«
»Ich erzähl' Ihnen mal eine Geschichte, die ganz typisch ist für meine beiden Eltern und mich. Als ich zwölf war, hab' ich ein Buch über die Habsburger gelesen. Mein Vater hatte mir das gegeben und mich gefragt: ›Was hältst du davon?‹ Meine Erwiderung war«, er setzt die Brille ab, überlegt einen Moment, als wolle er die Situation von damals noch mal in seine Erinnerung holen, und zwar so exakt wie nur möglich, »meine Erwiderung war, das ist jetzt kein wörtliches Zitat, aber dem Sinne nach richtig: ›Das Buch ist Blödsinn, das ist das Geld nicht wert, was man dafür bezahlt.‹ Da ist meine Mutter ganz wütend geworden und hat gesagt: ›So eine Arroganz, was fällt diesem zwölfjährigen Kerl überhaupt ein. Da sitzt einer und macht so ein Buch, und der ...« Herzog lacht so heftig, daß er nicht weitersprechen kann und auch das Zigarillo ausgeht, weil er bereits eine ganze Weile nicht mehr daran gezogen hat, fährt dann fort: »Aber mein Vater hat derart darauf reagiert, indem er gesagt hat: ›Der Junge weiß eine ganze Menge, es ist ja schließlich nicht das erste einschlägige Buch, das er gelesen hat. Und wenn er das für falsch oder schlecht hält, muß er das doch sagen können.‹ Da ist der Unterschied zwischen meinen beiden Eltern kulminiert.«
Das Telefon klingelt, Herzog erhebt sich, geht mit festen Schritten zum Apparat, hört lange zu, sagt dann kurz und bündig: »Die Uhrzeit für den Termin ist mir relativ

wurscht, aber ich werde mit«, er betont es, »mit absoluter Sicherheit um siebzehn Uhr pünktlich bei meinem Gesprächspartner sein.« Und dann »gut!«.
Er legt auf, das letzte Wort ist gesprochen, sachlich und bestimmt. Der Gesprächspartner hat die Wahl zwischen ja oder nein.
»Die Mutter war also autoritätsgebunden?« frage ich, als er mir wieder gegenübersitzt.
»Mit Sicherheit. Im Umgang nach außen war sie wahrscheinlich etwas unsicher, das weiß ich aber nicht genau, mit der Folge, daß sie sich nur auf die Versorgung der Familie konzentriert hat.«
»Sie konnte Gefühle zeigen?«
»Nein, da war sie sehr zurückhaltend. Mein Vater war das auch.«
Er macht eine Pause und sagt dann mit angedeutetem Kopfnicken:
»Was mich betrifft, ist es genauso. Die Mutter hat ihre Liebe immer mehr mit fürsorglichen Handlungen ausgedrückt als mit Liebkosungen. Und das war mir auch ganz recht so.«
Er sieht meine Verwunderung und sagt:
»Nein, ich hab' das nicht vermißt. Nein. Eher hab' ich ein Bedauern mit meiner Mutter. Das ist das Eigentliche.«
»Wahrscheinlich war sie von den Kindern genervt und hat gestöhnt: ›Ihr bringt mich noch ins Grab‹ oder so etwas.«
Herzog wehrt sofort ab:
»Nein, nein, selbst solch eine Gefühlsäußerung wäre ihr fremd gewesen.«
»Ihre Mutter war ja ein . . .«
»Ein Pflichtmensch«, unterbricht er, »sie hatte kaum Verständnis für das Bedürfnis nach gedanklicher Freiheit.«

»Das gab Konflikte?«
»Das hat sich lösen lassen, weil mein Vater dagegen gesteuert hat.«
»Es klingt so, als hätten Sie ihn geliebt.«
»Ja«, sagt er ganz leise.
»Hatten Sie jemals Konflikte mit ihm?«
Herzog sinnt einen Moment nach:
»Nicht eigentlich. Aber er konnte ziemlich ruppig sein. Aber ich auch. Wir haben unsere Reviere schon ziemlich früh abgesteckt.« Herzog grinst. »Mit gelegentlichen Hahnenkämpfen. Ich hab' meinem Vater immer vorgehalten, daß er nach folgender Maxime lebt. Und das ist jetzt ein wörtliches Zitat: ›Was ist ein Schienbein? Ein Schienbein ist ein Gegenstand, gegen den ich unbedingt treten muß.‹«
»Der Vater war ein Raufbold?«
»Nein, überhaupt nicht. Er ist aber keinem Streit aus dem Weg gegangen. Er konnte schroff und beleidigend sein, während meine Mutter immer voll Angst war, sie könnte mal an Krebs erkranken.«
Vater Herzog, Jahrgang 1905, war Buchhalter in einer Fabrik, die Schnupftabak herstellte. Schon vor der Machtübernahme der Nationalsozialisten war er in die NSDAP eingetreten, nicht weil er ein überzeugter Anhänger der Bewegung gewesen wäre. Vielmehr gehörte dieses Werk einem der tausendfünfhundert Männer, die am 9. November 1923 mit Adolf Hitler vor der Feldherrnhalle in München unter der braunen Hakenkreuzfahne aufmarschiert waren. Die Polizei erschoß sechzehn der Putschisten. So wurde die Flagge also zur deutschen »Blutfahne«, die braunen Revoluzzer mit dem »Blutorden« dekoriert. Der Chef des Vaters war einer von ihnen.

»Und dieser Mann hat alle seine Angestellten einfach in der Partei angemeldet und für sie auch die Beiträge bezahlt. Aber dagegen hat mein Vater natürlich nichts unternommen.«
»Ihr Vater sympathisierte mit der Bewegung?«
»Das, wie soll ich sagen, das Proletarische und Ordinäre des Systems hat ihn abgestoßen. Aber er hatte keine politischen Gründe gegen den Nationalsozialismus.«
»Und die Mutter?«
»Als am 13. März 1938 die Übertragung der Hitler-Rede anläßlich des ›Anschlusses‹ und der Jubel der Massen im Radio aus Wien übertragen wurden, hat mein Vater gesagt: ›Mach den Kasten aus, die Österreicher spinnen wohl. Die müssen doch wissen, was bei uns hier in Deutschland los ist.‹ Als ich meine Mutter am nächsten Tag gefragt hab: ›Was ist denn das, ein Österreicher?‹, hat sie sofort ängstlich abgestritten, daß dieses Wort jemals gefallen sei. Sie hatte furchtbare Angst, daß ich das außerhalb der Familie weitererzähle.«
In der von Angst und Schweigen durchtränkten Stimmung erlebte das Kind etwas, was den erwachsenen Mann heute noch tief bewegt und von dem er sagt: »Das sind Bilder, aus denen ich meinen ganzen politischen Katechismus ableite.«
»Was haben Sie erlebt?«
»Ja«, beginnt er zögernd und blickt auf die Kante des Glastisches, dessen Kontur er mit dem Zeigefinger der rechten Hand abfährt, »da ist ein endloser Zug von KZ-Häftlingen an unserem Haus vorbeigetrieben worden in den letzten Kriegstagen.«
Er bricht ab, redet nicht weiter, so daß ich nachfragen muß:

»Was haben Sie gesehen?«
»Eine Ansammlung von Frauen, Kindern und alten Leuten. Einzelne Gesichter hab' ich vergessen. Im Grunde war es die Masse, die das Entsetzen bewirkt hat. Das waren zwei- oder dreitausend Menschen. Aber ich weiß noch, daß Hausfrauen, die vor einem Geschäft Schlange standen, wo es Rhabarber ohne Marken gab, den Häftlingen davon abgegeben haben. Die SS-Leute sind dagegen nicht eingeschritten.«
Herzog öffnet die flache Blechschachtel, schließt sie wieder sorgfältig, denn alle Zigarillos sind verbraucht.
»Kurze Zeit später«, fährt er schließlich fort, »hab' ich an derselben Stelle endlose Trecks von Flüchtlingen gesehen. Und diese beiden Bilder haben mir zwei Begriffe eindrücklich gemacht: Ich hab daraus etwas über Menschenwürde gelernt und über den Frieden.«
Während die Kinder im Chaos von »Zusammenbruch« und Elend ihre Abenteuer erlebten, explodierte Munitionszüge ausräumten oder sich in die reißende Isar stürzten, um in den gefährlichen Strudeln zu schwimmen, brach für den Vater die berufliche Existenz zusammen. Die Fabrik wurde beschlagnahmt, »sequestiert«, wie Roman Herzog sagt, der Blutordensträger wurde verhaftet.
»Aber mein Vater hatte sich Geschichte als Hobby zugelegt, hatte sich immer schon mit der Historie Landshuts befaßt, die Gemälde, die in der Stadtresidenz hingen, neu datiert. Und nun erhielt er eines Tages die Chance, im Stadtmuseum das Archiv neu zu ordnen. Aber für diese Tätigkeit brauchte er das kleine Latinum, doch er hatte nur die Realschule besucht. So hab' ich ihm halt als Dreizehnjähriger Latein beigebracht.«

»Sie wurden sein Lehrer?«

»Sicher doch. Mir hat diese Energie, mit der dieser über vierzigjährige Mann das in Angriff genommen hat, gewaltig imponiert. Er hat mich als Lehrer voll anerkannt, und ich hab' ihn durch die unregelmäßigen Verben geschliffen wie auf dem Kasernenhof.«

»Das hat er sich bieten lassen?«

Herzog richtet sich im Ledersessel zu voller Größe auf und sagt in selbstbewußtem Ton, der ahnen läßt, wie selbstbewußt er als Junge gewesen sein muß:

»Das hätte er sich von keinem anderen gefallen lassen. Er mußte Kapitel für Kapitel übersetzen. Und wenn er zu viele Fehler gemacht hat, dann mußte er es noch mal machen, wie sich das so gehört, nicht wahr.«

Er lacht so heftig, daß seine Backenmuskeln die Nickelbrille nach oben drücken.

»Das war so, ja.«

»Sie haben also mit Ihrem ruppigen alten Herrn im Wohnzimmer gesessen und gepaukt.«

»Wir hatten zwar eine Vierzimmerwohnung, aber abgesehen von der Wohnküche hatten wir nur ein Zimmer für uns vier, weil in allen anderen Zimmern Flüchtlinge untergebracht waren. In der Küche, in der auch die anderen Frauen gekocht haben, saßen wir zwei dann mit unseren Büchern. Das ging so etwa ein Jahr.«

»Der Vater hatte keine Angst, seine Autorität zu verlieren?«

»Er hat mir Freiraum gelassen. Und das heißt doch, auf das verzichten, was väterliche Autorität heißt. Er hat mich an der langen, langen Leine gehalten, so wie ich es bei meinen beiden Söhnen auch gemacht habe. Aber dann auch wirklich fest.«

»Sie haben mit Vater oder Mutter über intime Probleme reden können?«

»Sie haben sich dafür interessiert, wie es in der Schule läuft. Im übrigen hab' ich meine Linie abgesteckt und war ziemlich schwer durchschaubar und kalkulierbar.«

»Was soll das bedeuten?«

Herzog steht auf, geht zum Schreibtisch, holt eine neue Schachtel »Menor«, redet dabei aber weiter.

»Ich hab' oft und oft Dinge und Menschen beobachtet und mir einen Reim darauf gemacht, ohne ein Wort darüber zu verlieren. Das war ein Vergnügen für mich, Menschen zu beobachten und nichts zu sagen. Ich konnte mich mit einem gewissen Erfolg unbemerkbar machen, und aus solchen Beobachtungen sind Sympathien und Antipathien entstanden, die ein ganzes Leben angedauert haben.«

»Und das tun Sie heute noch?«

»Aber ja«, betont er, als sei das eine seiner Erfolgsrezepte im Umgang mit Menschen, »ich beobachte und schweige. Oder ich führe unverbindliche Gespräche, das ist ja das gleiche.«

»Sie beobachten dann, ob jemand auf diesen oberflächlichen Small talk eingeht oder nicht?«

»So ist es. Das hab' ich von meinem Vater übernommen, der hatte einen scharfen Blick, dem ist nichts entgangen. Schwätzer hat er nicht gemocht. Ob jemand ein substanzloser Schwätzer ist, ist ja schnell rauszukriegen, aber wenn ich das Gefühl hab' von jemandem, der hat mich auch nur *einmal* reingelegt, dann ist's aus. Bei meiner Frau ist das noch stärker.«

»Sie haben offenbar hohe moralische Ansprüche an andere. Vielleicht zu hohe.«

»Es gibt ein Beispiel aus der Kinderzeit. Ein aktuelles möcht' ich nicht erzählen, weil ich niemanden bloßstellen will. Eine Bekannte meiner Eltern hat mir mal versprochen, daß ich das Schwänzchen eines Spanferkels bekomme, das sie gebraten hatten. Da war ich ein kleines Kind. Als ich zu den Leuten kam, um es mir abzuholen, war das Schwänzchen weg. Jemand hatte es offenbar gegessen, oder was weiß ich. Diese Frau«, er blickt mich durch seine Brille mit strengen Augen groß an, »hat bei mir fast zwanzig Jahre lang keinen Fuß mehr auf den Boden gebracht.«

»Und was war nach diesen zwanzig Jahren?«

»Erst als Werkstudent hab' ich mit ihr zusammengearbeitet und gemerkt, was für ein patenter Mensch sie ist. Und als ich ihr die Geschichte vom Schweineschwänzchen erzählt hab, kam sie eines Tages und hat mir eines in einer Schüssel nachgeliefert.«

Herzog lacht auf. Mit dieser Pointe der Anekdote ist er höchst zufrieden.

»Wie weit«, will ich wissen, »waren Ihre erotischen Freiheiten zu Hause?«

»Na, ich hätte nie ein Mädchen zum Übernachten nach Hause bringen können. Schon rein räumlich war das nicht drin. Aber meine Eltern haben nicht gewußt, daß ich Munitionszüge ausgeräumt habe, und später nicht, mit welchen Mädchen ich umgehe und auf welche Weise.«

»Zu Hause herrschten strenge moralische Vorstellungen?«

»Zu Hause wäre das auch bei meinen Söhnen nicht in Frage gekommen. Sie haben es auch nie versucht.«

»Warum wollten Sie das nicht?«

»Warum hätte ich das wollen sollen?« fragt er spitz zurück.

»Gehört das nicht zur freien Entwicklung, daß die Söhne auch nachts den Besuch mit aufs Zimmer nehmen dürfen?«
»Aber zu *meiner* persönlichen Entwicklung gehört, daß in meiner Wohnung nur das passiert, was *ich* will. Punkt.«
Er schaut mich an, so als wolle er damit sagen: Alles klar? Ein Mädchen mit langen, blonden Zöpfen, Christiane Krauß, war eine Freundin aus der Schulzeit. Er bemerkte sie zum erstenmal beim Altstadtbummel, wo man sich traf. Sehen und gesehen werden.
»Sie fiel mir auf, weil sie so respektlos war«, sagt er verschmitzt. Aber vielleicht war es auch die leuchtende Haarpracht, die ihn erregte. Diese Jugendliebe wurde seine Ehefrau.
»Aber ernst geworden ist es erst kurz vor dem Abitur, also Anfang 1953«, erinnert sich Herzog, »da war ich neunzehn.«
»Da dachten Sie schon daran zu heiraten?«
»Ja, ein Jahr später. Aber geheiratet haben wir, als ich vierundzwanzig und sie einundzwanzig war.«
Christianes Vater war der evangelische Dekan im katholischen Landshut, »ein sehr konservativer Mann, trotzdem unkonventionell. Bei der Verlobungsfeier hat er mich mit der Bedingung überrascht, daß ich erst mein Examen machen muß, bevor geheiratet wird.«
Irgendwie kommen wir in unserem Gespräch von seiner Kindheit nicht los, es war die Phase seines Lebens, die alles, was nachher kam, tief prägte.
»Was ja so entscheidend für mich war«, Herzog beugt sich vor, »war die Tatsache, daß die Ehe meiner Eltern eine Kontrastehe war.«

»Sie meinen damit die Mischehe, weil Ihr Vater katholisch, die Mutter evangelisch war?«
»Das auch, aber gemeint sind mit diesem Begriff sehr unterschiedliche Eltern, was Religion, Bildung oder Milieu anbetrifft. Man sagt, daß Kinder aus solchen Ehen ganz besonders«, er sagt es scheinbar beiläufig, aber doch mit deutlichem Selbstbewußtsein, »ganz besonders intelligent und erfolgreich sind. Man lernt schon als Kind, daß es zu jeder Frage mehrere Betrachtungsweisen gibt. Das führt zu einer gewissen Unverbindlichkeit der eigenen Einstellungen. Aber es führt auch zu Offenheit.«
»So sind Sie geprägt worden?«
»Natürlich. Man weiß immer, es gibt andere Leute, die eine andere Position vertreten, und das muß man mitbetrachten.«
»So sehen Sie sich selbst?«
»Ich habe nie dazu geneigt, große Theorien zu entwikkeln, sondern ich sage: ›Das packen wir jetzt mal pragmatisch an.‹ Das induktive, statt das deduktive Denken spielt bei mir eine große Rolle. Das kommt sicher aus meinen Erfahrungen der frühen Zeit.«
Wieder rasselt das Telefon, Herzog wird herausgerufen, kommt nach zwei, drei Minuten zurück, ist sofort wieder präsent, erwartet die nächste Frage.
»Sie haben sich stets heftig gegen die Friedensbewegung gestellt«, sage ich, »wie vereinbart sich das mit Ihrem Grundsatz, andere Meinungen zu respektieren?«
»Ich glaube nicht, daß man mit der Bergpredigt Politik machen kann«, antwortet er.
»Der zentrale Gedanke des Christentums: ›Liebe deinen Nächsten wie dich selbst‹, hat keine Gültigkeit für die Politik?«

»Wer ist denn mein Nächster?« fragt er zurück. »Ist das der, den ich im Krieg erschießen muß oder der, den ich vor den Feinden schützen muß, der in den Lagern der Russen verschwindet, wenn die bei uns einmarschieren würden. So war doch die Situation damals. Ich war von Anfang an für die NATO, die Wiederbewaffnung und die Westintegration. Ganz klar.«

»Gut«, sage ich, »Sie reden jetzt von den fünfziger Jahren, aber Sie haben, als Sie ab 1980 Innenminister in Baden-Württemberg waren, die Friedensbewegung wieder scharf abgelehnt.«

Herzog verschränkt die Arme über dem Oberkörper.

»Mir war klar, das sozialistische System hält nicht auf Dauer. Und wenn ein solches System zusammenbricht, dann gibt's normalerweise einen Krieg. Und dafür muß man gerüstet sein. Das war meine Überlegung, die ich nie öffentlich ausgesprochen habe. Niemand konnte ja ahnen, daß Gorbatschow das anders schaffen würde.«

»Sie sind überzeugter evangelischer Christ und kein Pazifist?«

»Nein, ganz sicher nicht.«

»Ist das Christentum nicht auch eine pazifistische Religion?«

»So hat es sich selbst nie verstanden.«

»Aber die Bergpredigt ist eindeutig.«

»Mit so einfachen Formeln kommt man nicht durch. Luther hat immer gesagt: ›Notwehr kommt nicht in Frage, aber Nothilfe für den anderen. Und dazu darf man auch das Schwert führen.‹«

»Wenn die Gedanken des Neuen Testaments für die Politik nichts taugen, sollte man nicht dann das »C« aus den Namen der christlichen Parteien rausnehmen?«

»Stellen Sie sich vor«, sagt Herzog und lehnt sich zurück, »was das für eine Vertrauenskrise wäre, wenn man das heute beseitigen würde.«
»Aber vernünftig wäre es?«
»Ich weiß es nicht. Ich hab's immer so verstanden, wir lassen uns wenigstens an den Grundsätzen des christlichen Glaubens kontrollieren, überprüfen.«
»Auch wenn's nicht gut ausgeht?«
»Auch wenn es dann nicht immer gut ausgeht.«
»Ich komme noch mal auf das zurück, was Sie als ›einfache Formeln‹ abtun. Das Gebot: Du sollst nicht töten – das ist doch absolut eindeutig. Oder nicht?«
»Das sind doch«, er macht mit der Rechten, in der das Zigarillo glimmt, eine ausladende Gebärde, »Gebote gewesen, die einem von allen Seiten gefährdeten Nomadenvolk gegeben worden sind. Diese Gebote waren doch zunächst nur für den Umgang untereinander gedacht. Ich kann nicht ausreichend hebräisch, um die Bedeutung des Originals interpretieren zu können, aber die Verteidigung muß möglich sein.«
»Mit einunddreißig wurden Sie in der heißen APO-Zeit Professor an der FU Berlin. Warum sind Sie nach vier Jahren wieder weggegangen?«
»Es wurde pausenlos über Satzungen debattiert. Das war nichts für mich.«
»Sind Sie von den Studenten attackiert worden?«
»Nicht eigentlich. Sie haben mal versucht, mich mit Eiern zu bewerfen. Als das erste Ei geflogen kam, hab' ich gesagt: Leckt mich doch und bin gegangen.«
»Hat das Ei getroffen?«
»Das war von denen wohl eher eine rituelle Handlung. Aber es kamen auch schon mal ›fortschrittliche Kräfte‹

mit Eisenstangen in die Vorlesung. Ich hab' das aber nicht allzu ernstgenommen.«

Der junge Professor verließ die »Freie Universität«, nachdem er eine »Notgemeinschaft« der Professoren mitbegründet hatte, die später zum konservativen »Bund Freiheit der Wissenschaft« wurde. Er ging ins ruhige Speyer, an die Hochschule für Verwaltungswissenschaften, wo er Rektor wurde.

»Warum sind Sie nachher in die CDU eingetreten?« frage ich.

»Ach, ich hatte damals etwas mit der Beratung von Parteien zu tun, und da erfuhr ich, daß manche Leute hinter den Kulissen die Neutralisierung von Deutschland vorhatten.«

»In der SPD gab's damals so eine Strömung.«

»Ja, ich hab' das mitbekommen, wie weit das schon in politische Parteien eingedrungen war. Und deshalb hab' ich mir gesagt: Jetzt geh' ich in die CDU.«

»Hätten Sie auch in eine andere Partei gehen können?«

»Damals nicht. Damals war die CDU das Sicherste. Da wußte ich, daß mit Neutralismus nichts läuft.«

Roman Herzog studierte in München Jura, erfüllte den Wunsch seines Schwiegervaters, machte sein Examen und promovierte zum Dr. jur. mit einer Arbeit über die Europäische Menschenrechtskonvention, habilitierte sich bei dem bekannten Staatsrechtler Theodor Maunz. Dieser Mann spielte im Leben von Roman Herzog eine große Rolle, denn beide wurden Autoren des wichtigsten Kommentars zum Grundgesetz, der eine Zeitlang »Maunz/Dürig/Herzog/Scholz« hieß. Doch schon bald nach dem Krieg war bekannt geworden, daß der stets freundliche Professor einer der eifrigsten Juristen zur

Zeit des Dritten Reiches gewesen war. Die CSU hob ihn 1957 zwar auf den Stuhl des bayrischen Kultusministers, aber die Kritiker ließen nicht locker, bis er schließlich, als aus der Universität Jena 1964 belastende Dokumente gegen ihn in den Westen gelangten, zwangsweise pensioniert wurde. Eigentlich war der alte Herr und seine braune Vergangenheit dann fast vergessen, obgleich sein Name in großen Lettern auf dem angesehenen Kommentar zum Grundgesetz stand. Nachdem der Träger der Goldmedaille der Bayerischen Akademie der Wissenschaften und des Maximilianordens im September 1993 gestorben und in Ehren zu Grabe getragen war, meldete sich der Verleger der »Nationalzeitung« und Chef der rechtsextremen DVU (Deutsche Volksunion) in seinem Blatt zu Wort. Er schrieb, daß Maunz ein Vierteljahrhundert lang ein »wunderbarer, treuer Wegbegleiter und maßgeblicher Berater« der DVU und des Verlegers Gerhard Frey gewesen sei. Außerdem sei er »beinahe allwöchentlich durch seine hervorragenden politischen Beiträge ohne Autorenangabe in der Nationalzeitung vertreten« gewesen. Frey veröffentlichte eine Fülle von Belegen: handschriftliche Briefe, Gutachten, Entwürfe und Stellungnahmen des Staatsrechtlers. Im Fernsehmagazin »Panorama« sagte Roman Herzog in die Kamera: »Ich bin nicht nur wütend, sondern finde das ganz schlimm, und ich habe allen Grund, mich zu distanzieren.«

Herzog entzündet das ich weiß nicht wievielte Zigarillo, bläst die blauen Wölkchen nach oben und sagt, als ich ihn auf den Fall Maunz anspreche: »Ja, ich war die ganze Zeit, da er Minister war, also von 1957 bis 1964, einer seiner Assistenten.«

»War Maunz ein überzeugter Nationalsozialist?«
»Mit Sicherheit nicht. Was er im Dritten Reich geschrieben hat, ist durch nichts zu rechtfertigen, aber es ist wahrscheinlich Opportunismus gewesen. Er war ein unzweifelhaft liberaler bayerischer Kultusminister, jedenfalls für die damalige Zeit.«
»Sie haben ihn menschlich geschätzt? Er hat viel für Sie getan.«
»Ja, was ich sage, hört sich nach Distanzierung an, aber das ist nicht der Fall.«
»Haben Sie gewußt, was er unter den Nazis geschrieben hatte?«
»Natürlich, aber wir haben jahrzehntelang geglaubt, daß er die Fehler, die er damals begangen hat, durch seine Beteiligung am Aufbau eines demokratischen Staates ausgewetzt hat.«
»Sie haben nichts von einer braunen Ideologie bei ihm bemerkt?«
»Nein. Im Kommentar steht auch kein einziger falscher Satz.«
Herzog macht eine Handbewegung zum hohen Wandregal, in dem der dickleibige Kommentarband griffbereit steht.
»Und wie erklären Sie«, frage ich, »seine Verbindung zum Neonazi Dr. Frey?«
Herzog antwortet nicht sofort, fährt mit der rechten Handfläche über sein Kinn, sagt dann schließlich:
»Das ist wahrscheinlich die Reaktion des alten Mannes, der ein Leben lang gefragt war und plötzlich nicht mehr. Und dann von denen da doch wieder gefragt war.«
»Er hat offenbar das weiter gedacht, was er bis 1945 auch gedacht hatte.«

»Das müßte man erst genau überprüfen. Ich hab' keine Erklärung dafür, daß er anscheinend für den Frey, diesen Kerl, gearbeitet hat, aber sein Verhalten im Dritten Reich ist nicht die Erklärung, da bin ich ganz sicher.«
»Aber es liegt doch nahe«, sage ich.
»Nein«, Herzog schüttelt den Kopf, »wenn sein Verhalten im Dritten Reich, in Anführungszeichen gesprochen, Opportunismus war, dann ist es doch was anderes, als wenn er ein in der Wolle gefärbter Nazi gewesen wäre. Aber solange der Frey die Papiere nicht rausgibt, können wir all das schwer beurteilen. Es gibt keine klaren Beweise. Mein Eindruck ist, er war ein Konservativer und Katholik. Der Maunz hat seine Kontakte zur katholischen Kirche im Dritten Reich ja auch nicht aufgegeben. Ein Nazi war er nicht.«
Folgerichtig kommen wir auf Hans Karl Filbinger zu sprechen, in dessen Kabinett Herzog 1978 Kultusminister in Stuttgart wurde.
Als ich den Fall anschneide, sagt der Präsident in einem leicht brummigen, beschwichtigenden Ton:
»Aber an dieser Geschichte ist auch nicht viel dran«, und dann halblaut, »wahrscheinlich.«
Dr. Filbinger war Marinerichter während des Krieges im besetzten Norwegen gewesen und hatte den dreiundzwanzigjährigen Matrosen Walter Gröger erschießen lassen. Als Deserteur im Felde. Keine acht Wochen vor der deutschen Kapitulation und dem Ende des Krieges. Der spätere Ministerpräsident führte persönlich das Erschießungskommando an und befahl dem Exekutionskommando mit seiner badensischen Stimme »Feuer!«. Und das ausdrücklich auf eigenen Wunsch.
Nachdem der Dramatiker Rolf Hochhuth 1978 den Skan-

dal publik machte, kamen nach und nach weitere Todesurteile ans Tageslicht, manche waren sogar noch nach der Kapitulation verhängt worden. Der Ministerpräsident konnte sich daran nicht mehr erinnern und sprach zu seiner Rechtfertigung den berüchtigt gewordenen Satz: »Was damals Recht war, kann heute nicht Unrecht sein.«

»Filbinger hat aber«, sage ich zu Roman Herzog, »Todesurteile noch nach der Kapitulation unterschrieben.«

»Aber es ist keines vollstreckt worden.«

»Ja, aber das war nicht sein Verdienst.«

»Entschuldigung«, meint Herzog ein wenig gereizt und runzelt die Stirnfalten, »die Verurteilten waren doch schon in Schweden in Sicherheit.«

Das Stuttgarter Staatsministerium hatte damals zur Entlastung seines Regierungschefs behauptet, dies seien nur »Phantom-Urteile« gewesen zur Abschreckung für die anderen Truppenteile. Die fahnenflüchtigen Matrosen hätten sich auf ihrem Boot ins sichere Schweden absetzen können.

Ich blicke hinaus auf die riesigen Bäume im Schloßpark vor dem Fenster des Büros. Durch ein angelehntes Fenster kommt von irgendwoher leises Läuten einer Kirchenglocke. In einem Gespräch zwischen Deutschen, denke ich, brechen immer wieder die unverheilten Wunden auf. Unvermeidbar. Natürlich weiß Herzog das auch. Wir schweigen eine Weile, dann sage ich:

»Es ist kein deutscher Richter nach dem Kriege verurteilt worden.«

»Weswegen?« fragt er zurück.

»Wegen politischer Todesurteile zum Beispiel«, sage ich.

»Das ist ja auch schwer nachzuweisen«, lenkte er ein und will offenbar die Todesurteile des furchtbaren Juristen

Filbinger differenzierter beurteilen, »denn in jedem Senat sitzen drei oder fünf Richter, und die können doch alle vorbringen, das Urteil ist zwei zu eins ausgegangen, und jeder kann hinterher sagen, ich war der eine, der gegen das Todesurteil war.«

»Aber es gibt doch unendliche Mengen von Todesurteilen mit eindeutigen Unterschriften.«

»Klar, alle müssen unterschreiben. Ich muß ja auch Urteile unterschreiben, bei denen ich überstimmt worden bin. Außerdem ist es schwer nachzuweisen, ob diese Unterschrift der Überzeugung entsprochen hat oder nicht.«

»Es gab auch Urteile von Einzelrichtern.«

»Aber doch selten«, meint er, und indem er sich nach vorn beugt, »Sie haben ja recht, da ist vieles noch nicht aufgearbeitet.«

Dann wendet er mit einem Ruck mir das Gesicht zu, blickt mich mit großen Augen scharf an, so daß ich einen Moment lang erschrecke, und sagt:

»Ich dachte, wir wollten über mich reden. Oder?«

Wir schweigen eine Weile, während er ein weiteres Zigarillo anzündet.

»Haben Sie«, frage ich verunsichert, »so etwas wie ein Lebensmotto?«

»Meines steht bei Carl Zuckmayer. Es heißt: Man muß sich so verhalten, daß man sich selbst nicht anspucken muß.«

»Mußten Sie jemals spucken?«

»Wir leben doch in einer Zeit«, seine Stimme hat nun etwas Gelassenes, Belehrendes, »wo das im Allgemeinen nicht passieren muß. Im Dritten Reich oder unter dem Kommunismus war das ganz anders. Darum bin ich mit raschen Verurteilungen auch immer sehr vorsichtig.«

In der Seitentür des großen, holzgetäfelten Büros rasselt ein Schlüssel, einer von Herzogs Referenten kommt, ohne anzuklopfen, mit einem voluminösen Aktenbündel herein, legt es wortlos auf den Tisch des Chefs und verschwindet wieder. Ein stummer Auftritt. Als ich höre, daß die Tür von außen wieder verschlossen wird, denke ich, was macht der Frühaufsteher Herzog, wenn er abends dieses Büro hier verläßt und in sein gepanzertes Karlsruher Penthouse in einer gepanzerten Limousine chauffiert wird.
»Sehen Sie eigentlich fern?« frage ich also.
»Ja, sehr viel. Das wichtigste ist für mich das Vorabendprogramm. »Auf Achse« und »Der Fahnder«, das guck' ich immer. Wenn ich hier nach einem langen Arbeitstag nach Hause komme, dann muß ich mich entkrampfen. Da schau ich diese blödsinnigen Serien an. Einschließlich der Werbespots – eine der interessantesten Betätigungen überhaupt.«
»Wieso denn das?«
»Einmal, weil man da sehen kann wie die Leute verdummt werden. Das zweite ist: Es gibt Werbung, in denen das Produkt, das beworben wird, verarscht wird. Das fasziniert mich. Daneben existiert die ganz ernsthafte Werbung, die auf die Unsicherheit des Publikums spekuliert. Ich finde, so was muß man wissen, wenn man einer der führenden Leute im Staat ist.«
»Was gucken Sie sonst noch? Vielleicht Magazine wie ›Monitor‹?«
»Nein, überhaupt nicht. Wenn ich den ganzen Tag mit Staat und Politik zu tun habe, dann will ich das am Abend nicht auch noch sehen.«
»Und die Tagesschau?«

»Selten. Meistens höre ich die nur. Ich sitze dann im Nebenzimmer an der Schreibmaschine, beantworte Briefe und laß das durchlaufen.«
»Welche Zeitungen lesen Sie?«
»Hier im Büro die FAZ und die »Badischen Neuesten Nachrichten«, die braucht man halt eben. Die »Süddeutsche« lese ich gern.«
»Und den SPIEGEL?«
»Den lese ich sporadisch. Ich kauf' den jede fünfte, sechste Woche, oder ich kriege ihn irgendwie auf den Tisch. Aber wenn ich ihn lese, dann les' ich ihn von vorn bis hinten. Dann will ich wirklich wissen, was drin steht.«
»Wieso?« frage ich vorsichtig, »kommen Sie in der FAZ immer so schlecht weg? Warum kanzelt Sie der Herr Fromme derart ab?«
»Ja, ja«, lächelt er, »als damals in Mutlangen (er war Innenminister unter Lothar Späth) Heinrich Böll und andere als Demonstranten angerückt waren, da kamen fünfhundert Fernsehteams aus der ganzen Welt. Die wollten natürlich sehen, wie wir die geistigen Führer der Nation wegtragen. Aber wir haben die gar nicht weggetragen, sondern die da sitzenlassen. Es gibt ja«, er lacht heftig, »keinen Anspruch auf Eingriff der Polizei. Der Fromme hätte das gern gehabt und Lothar Späth und mich deswegen auch kritisiert. Auch mit der Entscheidung von Brokdorf (die Anti-Kernkraft-Demonstration zu genehmigen) ist er nicht klargekommen. Das hat er nie verstanden. Seitdem gibt es einen Bruch zwischen uns. Und dann hab' ich ihn ein paarmal ironisch behandelt, und das ist für ihn natürlich ganz schwierig.«
Herzog zieht den Ärmel seins Jacketts ein wenig hoch,

schaut dezent auf seine schmucklose Armbanduhr, offenbar älteren Baujahrs. Es ist kurz vor halb drei.
»Es tut mir leid«, sage ich kleinlaut, »daß ich Ihnen das Mittagessen verpatzt habe.«
»Nein, das ist wurscht«, sagt er mit einer wegwerfenden Geste.
»Es sieht so aus, als hätten Sie abgenommen. Könnte das sein?«
»Ich nehme immer ab«, griemelt er, »ich leugne das auch nicht. Nur, mein Gewicht ändert sich nicht. Das liegt natürlich an den Schwermetallen, von denen ich immer mehr zu mir nehme.«
»Aha, und wie vermeiden Sie die Kalorien?«
»Na, ich esse meistens nur Geflügel. Und auf den Rotwein verzichte ich ganz. Praktisch trinke ich nur Mineralwasser. Was die unangenehme Folge hat, daß ich, wenn ich mal trinke, schon beim zweiten Glas weit über mich hinauswachse.«
»Das wird ja aufregend werden, wenn Sie in Bonn auf Champagnergalas repräsentieren müssen.«
»Wenn der 23. Mai näherrückt«, Herzog macht ein Gesicht, das ganz ernst erscheinen soll, und das er immer aufsetzt, wenn das bayrische Schlitzohr sein Schlitzohr auch zeigen will, »na, dann muß ich halt wieder das Saufen üben.«
Er schmaucht am Rest des Zigarillo, bevor er ihn im Aschenbecher ausdrückt, und grinst, während er mich mit einem kräftigen Händedruck verabschiedet: »Was meine Zukunft angeht . . ., wie sagt der Franz Beckenbauer immer: Schaun wir mal.«

Mein besonderer Dank gilt Krista Maria Schädlich, meiner Lektorin, ohne deren liebevolle Ermutigungen ich dieses Buch nie geschrieben hätte.
Dank auch dem Kameramann Ivo Bulanda und Rolf Schmidt-Holtz, dem ehemaligen WDR-Chefredakteur, der mich als Promi-Interviewer gefördert hat, sowie der ZAK-Redaktion, die mich zu zweihundert »Hallo-Interviews« ermunterte.